Cinéphile

Intermediate French Language and Culture through Film

Second Edition

WORKBOOK
Manuel du Professor

Cinéphile

Intermediate French Language and Culture through Film

Second Edition

WORKBOOK
Manuel du Professor

Kerri Conditto

Tufts University

Focus Publishing
R. Pullins Company
PO Box 369
Newburyport, MA 01950
www.pullins.com

Credits

Cover Images	© iStockphoto / shutterstock images
Page 10	*left* Photofest
	right Sony Pictures Classics / Photofest; © Sony Pictures Classics
Page 26	Canal+ / First Run Features / Photofest; © Canal+/First Run Features
Page 42	New Yorker / Photofest; © New Yorker Films
Page 56	Fox Searchlight Pictures / Photofest; © Twentieth Century-Fox
Page 71	Gaumont / France 3 / Alpilles / Amigo / The Kobal Collection
Page 85	Magnolia / Photofest; © Magnolia. Photographer: Jean-Marie Leroy
Page 98	Sony Pictures Classics / Photofest; © Sony Pictures Classics Photographer: Jean-Paul Dumas-Grillet
Page 112	New Yorker Films / Photofest; © New Yorker Films
Page 124	SonyPictures Classics / Photofest; © Sony Pictures Classics Photographer : Jérôme Prébois

ISBN 978-1-58510-407-9
ISBN 10: 1-58510-407-8

10 9 8 7 6 5 4 3 2 1

Printed in USA

0611BB

Table des matières

Chapitre 1
Avant le visionnement

Exercices de vocabulaire

A. *Salutations.*
Bonjour, **Comment**
Monsieur, **Comment**, **Comment**
bien, **m'appelle**
au revoir
Salut, **Ça va**
bien, **Comment**
m'appelle
Salut, **A**

B. *Noms.* Barrez le nom qui ne va pas.
1. ~~une maison~~
2. ~~des chiens~~
3. ~~un aspirateur~~
4. ~~un cycliste~~
5. ~~une grenouille~~
6. ~~des montagnes~~
7. ~~un journal~~
8. ~~colère~~
9. ~~un réfrigérateur~~
10. ~~le pneu~~

C. *Transports et endroits.* Complétez les phrases suivantes avec *les transports et les endroits du vocabulaire du film*.
1. **un bateau**, **un pédalo**
2. **le train**
3. **Un vélo**, **un tricycle**, **une voiture**, **un camion**
4. **montagne**, **des appartements**, **des maisons**, **des gratte-ciel**
5. **au théâtre**, **au cabaret**

D. *Gens.* Reliez les descriptions à droite avec les personnes à gauche.
D
I
G
C
F
B
E
A
J
H

E. *Chronologie.* Mettez les phrases en ordre chronologique.

   <u>4</u>

   <u>1</u>

   <u>5</u>

   <u>3</u>

   <u>2</u>

Après avoir regardé

Exercices de vocabulaire

A. *Personnages.* Choisissez les réponses qui conviennent.
1. <u>*grand-mère*</u>
2. <u>*cycliste*</u>, <u>*petit-fils*</u>
3. <u>*chien*</u>
4. <u>*chanteuse*</u>
5. <u>*triplette*</u>
6. <u>*chanteuse*</u>
7. <u>*jumeaux*</u>
8. <u>*kidnappeur*</u>

B. *Trios.* Complétez les phrases suivantes avec les mots qui conviennent.
1. b. <u>*1940*</u>, c. <u>*1950*</u>
2. b. <u>*Paris*</u>, c. <u>*Belleville*</u>
3. c. <u>*New York*</u>
4. c. <u>*les grandes villes*</u>
5. b. <u>*Champion*</u>, c. <u>*Madame Souza*</u>
6. b. <u>*Blanche*</u>, c. <u>*Violette*</u>
7. b. <u>*le chef mafieux*</u>
8. c. <u>*Champion*</u>
9. b. <u>*une voiture*</u>, c. <u>*un vélo*</u>
10. b. <u>*un trio de chanteuses*</u>, c. <u>*3 hommes de la Mafia*</u>

C. *L'histoire !* Utilisez *le vocabulaire du film* pour compléter les phrases suivantes.
1. <u>un petit-fils</u>, <u>une grand-mère</u>, <u>la Mafia</u>, <u>un trio</u>
2. <u>une maison</u>, <u>un chien</u>, <u>monter</u>, <u>aboyer</u>, <u>mange</u>, <u>rêve</u>
3. <u>Les Mafieux</u>, <u>traverse</u>, <u>pédalo</u>, <u>chercher</u>, <u>des chanteuses /les triplettes de Belleville</u>
4. <u>un réfrigérateur</u>, <u>un aspirateur</u>, <u>un journal</u>, <u>un cabaret / un restaurant</u>, <u>un chef mafieux</u>, <u>une maison de jeu</u>
5. <u>libèrent</u>, <u>coureur/cycliste</u>, <u>rentrent</u>

1. 1 - Les nombres : cardinaux, ordinaux et collectifs, La date

A. *Nombres cardinaux.* Ecrivez *les nombres cardinaux* suivants en lettres.
1. <u>un</u>
2. <u>une</u>
3. <u>deux</u>
4. <u>trois</u>
5. <u>quatre-vingts</u>
6. <u>deux cents</u>
7. <u>trois mille huit cent soixante-trois</u>
8. <u>quinze mille</u>
9. <u>quatre millions cinq cent mille</u>
10. <u>soixante quatre millions</u>

B. *Nombres ordinaux.* Ecrivez les expressions suivantes avec *les nombres ordinaux* en lettres.
1. <u>son premier vélo</u>
2. <u>sa première course</u>
3. <u>sa dixième victoire</u>
4. <u>son soixantième anniversaire</u>
5. <u>son deux cent cinquième concert</u>

C. *Nombres collectifs.* Ecrivez les expressions suivantes avec *les nombres collectifs* en lettres.
1. <u>une centaine de musiciens</u>
2. <u>une cinquantaine de guitaristes</u>
3. <u>une dizaine de pianistes</u>
4. <u>une trentaine de chanteuses</u>
5. <u>un millier de spectateurs</u>

D. *Chiffres.* Ecrivez *les nombres* en lettres.
<u>deux mille dix</u>
<u>quatre-vingt-dix-septième</u>
<u>le trois juillet – le vingt-cinq juillet</u>
<u>un million deux cent mille</u>
<u>vingt et une</u>
<u>six cent cinquante</u>
<u>deux mille cinq cents / vingt-cinq cents</u>
<u>mille huit cents / dix-huit cents</u>
<u>quatre cent vingt mille</u>

E. *Grandes dates.* Ecrivez *les dates* suivantes en lettres.
2. <u>le quatorze   juillet   mille sept cent quatre-vingt-neuf</u>
3. <u>le quatre   juillet   mille sept cent soixante-seize</u>
4. <u>le trente et un   mars   mille huit cent quatre-vingt-neuf</u>
5. <u>le vingt-huit   octobre   mille huit cent quatre-vingt-six</u>
6. <u>le dix-neuf   mars   mille huit cent quatre-vingt-quinze</u>
7. <u>le vingt-huit   octobre   mille huit cent quatre-vingt-douze</u>
8. <u>le deux   novembre   mille neuf cent vingt</u>
9. <u>le vingt-six   janvier   mille neuf cent vingt-six</u>
10. <u>le trente et un   mai   mille huit cent soixante-huit</u>

1.2 - Les pronoms sujets, Les registres

A. *Registres.* Choisissez *les pronoms sujets* qui correspondent au contexte.
1. **tu**
2. **tu**
3. **vous**
4. **vous**
5. **vous** .
6. **tu**
7. **vous**
8. **tu**
9. **tu**
10. **vous**

B. *Noms.* Choisissez *les pronoms sujets* qui correspondent au nom ou aux noms suivants.
1. **elle**
2. **il**
3. **elle**
4. **ils**
5. **ils**
6. **il**
7. **ils**
8. **elles**
9. **elles**
10. **elle**

C. *On.* Remplacez les mots soulignés par *le pronom sujet on.* Attention aux verbes !
En France, <u>on</u> aime le Tour de France. <u>On</u> aime aussi le Tour de France aux Etats-Unis. Dans les villages, <u>on</u> regarde les coureurs du Tour de France. <u>On</u> regarde aussi le Tour de France à la télé. A la fin de la course, <u>on</u> gagne des prix.

1.3 - Les verbes réguliers en -er

A. *Pluriel.* Ecrivez le pluriel *des pronoms sujets* et *des verbes en -er* suivants.
1. **nous voyageons**
2. **ils donnent**
3. **vous grimpez**
4. **elles adorent**
5. **vous aimez**
6. **vous préférez**
7. **nous commençons**
8. **vous jetez**
9. **elles rappellent**
10. **vous emmenez**

B. *Singulier.* Ecrivez le singulier *des pronoms sujets* et *des verbes en -er* suivants.
1. **je trouve**
2. **il cherche**
3. **tu apprécies**
4. **elle kidnappe**
5. **je mange**
6. **tu paies / payes**
7. **j'appelle**
8. **il achète**
9. **elle jette**
10. **je répète**

C. Verbes. Choisissez *les verbes en –er* qui conviennent et conjuguez-les selon le contexte.

1. **commençons, habitent**
2. **regardent**
3. **achète, aide**
4. **kidnappent, emmènent**
5. **traverse**
6. **rencontrent, cherchent**
7. **mange, essaie, aime**
8. **jouent**
9. **exploite, libèrent**
10. **trouve, rentrent**

1.4 - Les noms – genre et nombre
Les articles – défini, indéfini et partitif

A. Genre - 1. Ecrivez *les articles indéfinis* qui correspondent aux noms suivants.

1. **un**	5. **un**	9. **une**
2. **un**	6. **un/une**	10. **un**
3. **une**	7. **un**	
4. **une**	8. **un**	

B. Genre - 2. Ecrivez *les articles définis* qui correspondent aux noms suivants.

1. **la**	5. **la**	9. **le**
2. **le**	6. **le/la**	10. **la**
3. **la**	7. **la**	
4. **la**	8. **le/la**	

C. Le féminin. Ecrivez *les formes féminines* des articles et des noms suivants.

1. **une grand-mère**
2. **une petite-fille**
3. **une sœur**
4. **une jumelle**
5. **une chanteuse**
6. **une conductrice**
7. **une coureuse**
8. **une mécanicienne**
9. **une Française**
10. **une Américaine**

D. Nombre – 1. Ecrivez *les formes plurielles* des articles et des noms suivants.

1. **des Français**
2. **des Françaises**
3. **les vedettes**
4. **les actrices**
5. **des personnages**
6. **des sous-titres**
7. **les effets spéciaux**
8. **des intrigues**
9. **des travaux**
10. **les échecs**

E. Nombre – 2. Ecrivez *les formes plurielles* des articles et des noms suivants.

1. **des grands-mères**
2. **les triplettes**
3. **des jumeaux**
4. **les mafieux**
5. **des bateaux**
6. **les pneus**
7. **des photos**
8. **les journaux**
9. **des festivals**
10. **des gratte-ciel**

F. **Quel article ?** Complétez le paragraphe suivant avec **les articles (définis, indéfinis ou partitifs)** selon le contexte.
1. **les** 2. **les** 3. **un** 4. **l'** 5. **des** 6. **un** 7. **un** 8. **un** 9. **le** 10. **le** 11. **des** 12. **des** 13. **de la** 14. **Un** 15. **une** 16. **des** 17. **les** 18. **un** 19. **la** 20. **une** 21. **des** 22. **le** 23. **les** 24. **la** 25. **le**

1.5 - Les couleurs

A. **Genre et nombre.** Complétez.
1. **bleus, violette**
2. **vertes, blanche**
3. **gris, bleue**
4. **rousses, rouge**
5. **orange, marron**

B. **Couleurs.** Choisissez **les couleurs** qui décrivent les noms suivants. Attention à l'accord !
1. **un ciel bleu et des nuages blancs**
2. **une ville grise et des gratte-ciel noirs**
3. **un océan vert et des bateaux rouges**
4. **une casquette blanche et un maillot jaune**
5. **un vélo rose et des voitures violettes**

C. **Décors.** Choisissez **les couleurs** qui conviennent. Attention à l'accord !
1. **gris, gris**
2. **bleu, jaune, blancs**
3. **bleu et noir, noir, gris et noirs**
4. **verte, gris et noirs, jaune, rose et jaune**
5. **blanches, rouges**

1.6 - Les adjectifs et les pronoms possessifs

A. **Adjectifs possessifs – 1.** Complétez les trous suivants avec **les adjectifs possessifs** qui correspondent.
1. **sa, son, ses**
2. **notre, nos, notre**
3. **leur, leurs, leur**
4. **mon, mon, mes**
5. **votre, votre, vos**

B. **Adjectifs possessifs – 2.** Nicole répond à une question de ses nouveaux correspondants français. Complétez son email avec **les adjectifs possessifs** qui conviennent.
1. **mes** 2. **Mon** 3. **Son** 4. **sa** 5. **Ton** 6. **ton** 7. **son** 8. **ses** 9. **sa** 10. **Son** 11. **son** 12. **sa** 13. **leur** 14. **leurs** 15. **mon** 16. **mon** 17. **nos** 18. **votre** 19. **vos** 20. **votre**

C. **Possessifs – 1.** Complétez les trous avec **les adjectifs possessifs** et **les pronoms possessifs**.
1. **mon, le mien**
2. **sa, la sienne**
3. **leur, le leur**
4. **leurs, les leurs**
5. **notre, la nôtre**
6. **son, le sien**
7. **tes, les tiens**
8. **mon, la mienne**

9. <u>vos, les vôtres</u>
10. <u>ses, les siens</u>

D. Possessifs – 2. Complétez le dialogue suivant avec **les adjectifs possessifs** et **les pronoms possessifs** qui conviennent.

<u>**mes, les tiennes**</u>
<u>**les miennes, Les siennes**</u>
<u>**ta, La sienne**</u>
<u>**ton, sa**</u>
<u>**mon, ma, tes, leurs**</u>
<u>**notre, La nôtre, mes, les leurs**</u>
<u>**notre, ton, les siens**</u>
<u>**mon**</u>
<u>**notre, nos**</u>

Traduction

Français → anglais

A. Mots et expressions. Traduisez les mots et les expressions suivantes **en anglais**.
1. <u>**a sad and lonely boy**</u>
2. <u>**his (her) old grandmother**</u>
3. <u>**their faithful dog**</u>
4. <u>**his (her) bicycle and his (her) tricycle**</u>
5. <u>**the young and pretty singers (female)**</u>
6. <u>**the old and ugly singers (female)**</u>
7. <u>**their strange instruments**</u>
8. <u>**(some) muscular mafiosos**</u>
9. <u>**the short and ugly Mafia boss**</u>
10. <u>**their great / big adventure**</u>

B. Phrases. Traduisez les phrases suivantes **en anglais**.
1. <u>**The little boy loves cycling !**</u>
2. <u>**The Triplettes prefer music.**</u>
3. <u>**Champion participates in the Tour of France.**</u>
4. <u>**The mafiosos kidnap (some) racers.**</u>
5. <u>**The racers are freed at the end of the movie.**</u>

Anglais → français

A. Mots et expressions. Traduisez les mots et les expressions suivantes **en français**.
1. <u>**une vingtaine de coupures de presse**</u>
2. <u>**son neuvième anniversaire**</u>
3. <u>**sa première course cycliste**</u>
4. <u>**le maillot jaune**</u>
5. <u>**un vieux trio de chanteurs (chanteuses)**</u>
6. <u>**un petit chef mafieux**</u>
7. <u>**ses jumeaux mafieux**</u>
8. <u>**son inquiétude**</u>
9. <u>**sa confusion et sa douleur**</u>
10. <u>**leur grand bonheur**</u>

B. *Phrases.* Traduisez les phrases suivantes *en français*.

1. <u>Salut ! Ça va ? (Comment vas-tu ?)</u>
2. <u>Comment votre petit-fils s'appelle-t-il ?</u>
3. <u>Il aime les chiens, les trains et les vélos !</u>
4. <u>Le chien ne mange pas de soupe de grenouilles.</u>
5. <u>Est-ce que vous aimez (tu aimes) les films ?</u>

C. *Scénario.* Vous écrivez un sommaire de votre prochain scénario. Traduisez-le *en français*.

Le garçon, son chien et les coureurs

Un garçon et son chien voyagent à une grande ville. C'est leur premier voyage et c'est une grande aventure. Le garçon aime trois choses : les voitures, les camions et les trains. Son chien aime chasser les grenouilles et aboyer. Pendant leur voyage, ils rencontrent un homme bizarre (un mafieux ? un kidnappeur ? un mécanicien ?) avec des lunettes de soleil noires. L'homme kidnappe le garçon et son chien. Le garçon pense souvent à sa famille (aux siens). Un jour, la famille libère le garçon … avec l'aide des coureurs. L'aventure commence !

Compréhension générale

A. *Chronologie.* Mettez les phrases suivantes en ordre chronologique.

<u>7</u>
<u>1</u>
<u>5</u>
<u>2</u>
<u>6</u>
<u>3</u>
<u>4</u>

B. *Personnages.* Reliez les descriptions à droite avec *les personnages du film* à gauche.

<u>P</u> 1.
<u>G</u> 2.
<u>K</u> 3.
<u>I</u> 4.
<u>L</u> 5.
<u>B</u> 6.
<u>J</u> 7.
<u>E</u> 8.
<u>F</u> 9.
<u>M</u> 10.
<u>C</u> 11.
<u>H</u> 12.
<u>O</u> 13.
<u>A</u> 14.
<u>N</u> 15.
<u>D</u> 16.

C. _Profil._ Complétez le tableau suivant.

Profil des Triplettes de Belleville

Titre : _Les Triplettes de Belleville_
Genre : _Dessin animé_
Année de production : _2003_
Réalisateur : _Sylvain Chomet_
Lieu de l'action : _Paris, Marseille, Belleville_

Les années 1930, 1940 et 1950
1. _La grand-mère donne un tricycle à son petit-fils._
2. _Le petit-fils participe au Tour de France et la Mafia kidnappe des coureurs._
3. _La grand-mère cherche son petit-fils avec l'aide d'un trio de chanteuses._

5 mots clés :
1. _Le vélo_
2. _Le Tour de France_
3. _La famille : la grand-mère, le petit-fils, le chien_
4. _La Mafia_
5. _L'aventure_

Sommaire (une phrase) : _Une grand-mère cherche son petit-fils avec l'aide de son chien et d'un trio de chanteuses._

Anecdote : _Le réalisateur présente de grands artistes des années 1930 - 1950._

Photos

Photo N°1

Photo N°2

A. *Détails.* Regardez les photos et cochez les bonnes réponses.

Photo N°1	Photo N°2
Epoque	
• les années 1930	• les années 1950
Lieu	
• un théâtre • autre : un dessin animé (Belleville Cartoune)	• la rue
Personnages	
• autre : Les Triplettes de Belleville	• autre : Les Triplettes de Belleville
Ages	
• entre 35 et 45 ans	• entre 55 et 65 ans

B. *Complétez.* Utilisez *le vocabulaire* suivant pour compléter les phrases.
1. <u>trois</u>, <u>trois</u>
2. <u>chanteuses</u>
3. <u>un théâtre</u>
4. <u>la rue</u>
5. <u>un grand public</u>
6. <u>Madame Souza</u>
7. <u>jeunes</u>, <u>jolies</u>
8. <u>vieilles</u>, <u>laides</u>
9. <u>riches</u>
10. <u>pauvres</u>

C. *En général.* Répondez aux questions suivantes. Ecrivez deux ou trois phrases.
1. «Les grandes vedettes». Sur cette photo, les Triplettes sont des vedettes connues comme d'autres vedettes de cette époque (Astaire, Baker, Trénet, Reinhardt). Les Triplettes sont des vedettes typiques : jeunes, jolies, riches, etc.
2. «Les grandes vedettes dépassées». Sur cette photo, les Triplettes ne sont plus des vedettes. Elles sont vieilles, laides, pauvres, etc. Elles chantent toujours le vieux tube *Belleville Rendez-Vous*.
3. Sur la première photo, les Triplettes sont les stars d'un dessin animé diffusé à la télé. Elles sont jeunes et jolies avec les yeux qui brillent, les dents blanches, et de beaux vêtements. Sur la deuxième photo, les Triplettes sont vieilles et laides, avec des rides et de vieux vêtements démodés. Il y a une vingtaine d'années de différence entre les deux photos. Les goûts changent et la musique des années 1930 n'est plus très à la mode.

D. *Aller plus loin.* Ecrivez un paragraphe pour répondre aux questions suivantes.
1. Les Triplettes sont très contentes sur les deux photos. Elles ont une passion pour la musique bien qu'elles vieillissent et que leur musique ne soit plus à la mode. Pendant les scènes des années 1950, elles chantent et rient. La musique leur donne du plaisir. Cette passion ressemble à la passion de Champion pour le vélo et la passion de Madame Souza pour son petit-fils.
2. Les Triplettes ne sont pas des sœurs triplettes identiques. Il y a des ressemblances entre les femmes, mais il est impossible de déterminer si les trois femmes sont sœurs. On ne peut donc pas dire que le mot *triplettes* signifie *sœurs triplettes*. Le mot *triplettes* peut signifier *un trio*, dans ce cas, un groupe de trois chanteuses.
3. Le titre français, *Les Triplettes de Belleville,* a deux sens (des sœurs de Belleville ou un trio de Belleville). Le deuxième sens est plus logique parce qu'il y a beaucoup de références aux trios dans le film (une famille de trois personnes, un groupe de trois Mafieux, etc.). Le titre américain, *The Triplets of Belleville,* indique que les femmes sont sœurs alors que le titre anglais, *Belleville Rendez-Vous,* indique que les personnages se rencontrent à Belleville. C'est aux spectateurs de choisir la signification du titre !

Lecture

Les réponses varient.

Culture

A. Avez-vous compris ? Déterminez si les phrases suivantes sont possibles ou impossibles.
1. **possible**
2. **impossible**
3. **impossible**
4. **possible**
5. **impossible**

B. Vrai ou fausses ? Déterminez si les phrases suivantes sont vraies ou fausses.
1. **faux**
2. **vrai**
3. **vrai**
4. **vrai**
5. **faux**

C. A vous ! Pensez aux clichés que vous avez entendus et faites une liste de ces clichés selon les rubriques suivants.
Les réponses varieront selon les expériences et les connaissances des étudiants.

Jeux

A. *Mots croisés.* Utilisez *le vocabulaire du film* pour compléter les mots croisés. Utilisez l'article défini ou indéfini devant le nom !

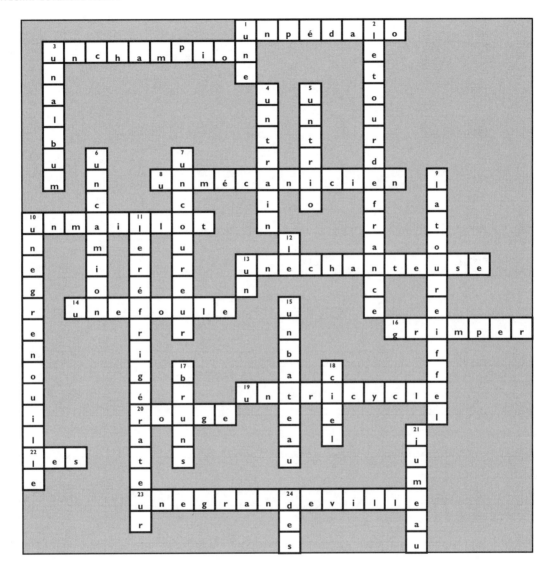

B. *Scènes !* Regardez les scènes suivantes. Inventez un dialogue entre les personnages. Narrez les scènes avec vos partenaires.
Les réponses varient.

~~this will be ignored~~

Composition

Les réponses varient.

Chapitre 2

Avant le visionnement

Exercices de vocabulaire

A. *Gens.* Reliez les descriptions à droite avec les personnes à gauche.

- **I** 1.
- **E** 2.
- **H** 3.
- **B** 4.
- **A** 5.
- **C** 6.
- **J** 7.
- **F** 8.
- **D** 9.
- **G** 10.

B. *Familles.* Reliez les définitions avec les mots et les expressions suivants. Vous pouvez consulter les réponses pour vous aider !

- **F** 1.
- **H** 2.
- **D** 3.
- **G** 4.
- **E** 5.
- **C** 6.
- **B** 7.
- **A** 8.

C. *Portrait de famille.* Complétez le tableau suivant avec *le vocabulaire du film.*
Les réponses varient.

D. *Chronologie.* Mettez les phrases suivantes en ordre chronologique.

- **2**
- **4**
- **5**
- **1**
- **3**

Après avoir regardé

Exercices de vocabulaire

A. Familles. Utilisez *le vocabulaire du film* pour compléter le tableau suivant.

Elsa	Sébastien
monoparentale . fille unique___.	
mère . aide soignante . célibataire .	père mère . mariés .
grand-père	grand-mère
grande ville . appartement	montagne . maison
riche .	riches .
Macdo .	famille .
Game Boy . cinéma	randonnées

B. *Sommaire !* Utilisez *le vocabulaire du film* pour compléter le sommaire de l'intrigue du film.
1. __un coup de fil__ 2. __un copain__ 3. __la montagne__ 4. __des chenilles__ 5. __des papillons__ 6. __un refuge__ 7. __la maison__ 8. __les étoiles__ 9. __commissariat__ 10. __la concierge__ 11. __Le géomètre__ 12. __un policier__ 13. __un trou__ 14. __père__ 15. __arrêté__ 16. __content__

C. *Et après ?* Comment vont les choses deux mois plus tard ? Est-ce qu'Isabelle est une bonne mère ? Est-ce que Julien et Elsa s'entendent bien ? Utilisez *le vocabulaire du film* pour décrire comment les choses vont. *Les réponses varient.*

Grammaire

2.1 – L'adjectif qualificatif (révision)

A. *Genre et nombre.* Déterminez si *les adjectifs qualificatifs* suivants sont *masculins* **ou** *féminins, masculins* **et** *féminins et singuliers* **ou** *pluriels.*

	M	F	S	PL	adjectif		M	F	S	PL	adjectif
1.	□	●	●	□	intelligente	6.	●	□	●	□	grand
2.	●	□	□	●	charmants	7.	□	●	●	□	petite
3.	□	●	●	□	mariée	8.	●	□	□	●	contents
4.	●	●	□	●	agréables	9.	●	□	●	□	âgé
5.	●	●	●	□	célibataire	10.	●	●	●	□	précoce

B. *Genre et nombre.* Mettez *les adjectifs qualificatifs* suivants 1) *au féminin* et 2) *au pluriel.*

	Féminin	*Pluriel*
1.	<u>petite</u>	<u>petits</u>
2.	<u>grande</u>	<u>grands</u>
3.	<u>calme</u>	<u>calmes</u>
4.	<u>pauvre</u>	<u>pauvres</u>
5.	<u>réservée</u>	<u>réservés</u>

C. *Comment sont-ils ?* Trouvez *des adjectifs qualificatifs* du vocabulaire du film qui décrivent les qualités des gens suivants et déterminez si la qualité est positive ou négative. Attention à l'accord des adjectifs !
Les réponses varient selon les opinions des étudiants !

Personne	Adjectif qualificatif	Positive/négative
une femme célibataire	insouciante, débrouillarde	négative, positive
un veuf	triste, mélancolique	négative
un grand-père	âgé, agréable	négative, positive
un père	patient, tolérant	positive
une mère	agréable, patiente	positive
une fille	bavarde, contente	négative, positive
une aide soignante	calme, tolérante	positive
une concierge	célibataire, stable	positive
un entomologiste	intelligent, réservé	positive, négative
une serveuse	bavarde, charmante	négative, positive

D. *Transformations.* Les personnages principaux du film évoluent. Complétez le tableau suivant avec *les adjectifs qualificatifs* qui montrent les transformations des personnages suivants.

Personnage	Au début du film...	A la fin du film...
Isabelle – papillon	une chenille noire	un papillon noir et marron
Isabelle - mère	une jeune mère célibataire, insouciante, égoïste	une jeune mère célibataire, appliquée, dévouée
Elsa	une petite fille triste, solitaire, bavarde, sympathique	une petite fille contente, aimée, bavarde, sympathique
Julien	un homme veuf, triste, solitaire	un homme veuf mais content

A. *Mais non !* Complétez le dialogue suivant avec des réponses négatives. Utilisez *l'adverbe négatif ne/n'…* *pas.*

Ben… Non, **nous ne partons pas en vacances bientôt.**

Euh… enfin… Non, **il n'aime pas voyager.**

Non, **nous ne sortons pas ce week-end**. Michel préfère rester à la maison.

Non, malheureusement, **nous ne regardons pas de films.**

Ben… Non, **je n'aime pas Michel**. En fait, je pense à le quitter …

B. *Négation.* Utilisez les éléments donnés pour écrire l'histoire d'une petite fille. Mettez les phrases *au négatif* et ajoutez des mots du vocabulaire du cinéma pour créer une histoire intéressante ! Utilisez l'adverbe négatif *ne/n'… pas.*

> **D'abord, la fille ne voyage pas avec la permission de l'homme.**
> **Je pense que l'homme n'aime pas voyager avec la fille.**
> **A mon avis, la fille ne comprend pas grand chose sur la vie.**
> **L'homme ne comprend pas vraiment les questions de la fille.**
> **Alors, l'homme ne répond pas aux questions de la fille.**
> **Ils ne trouvent pas les insectes qu'ils cherchent.**
> **Finalement, ils ne finissent pas leur voyage ensemble et ils ne rentrent pas à Paris ensemble.**
> **A la fin de l'histoire, la mère ne punit pas la fille !**

2.3 - Les verbes en -ir et les verbes en -re

A. *Terminaisons.* Regardez les verbes suivants et déterminez s'il s'agit d'*un verbe en –ir* ou *en –re*.

	-ir	-re	verbe		-ir	-re	verbe
1.	●	□	*finissons*	6.	□	●	*conduit*
2.	□	●	*perdent*	7.	●	□	*sortez*
3.	□	●	*comprends*	8.	□	●	*répondons*
4.	●	□	*sait*	9.	□	●	*connaissent*
5.	●	□	*couvre*	10.	●	□	*réussis*

B. *Pluriel.* Ecrivez le pluriel *des pronoms sujets* et *des verbes* suivants.

1. *vous mentez*
2. **nous réussissons**
3. **ils découvrent**
4. **vous perdez**
5. **elles prennent**
6. **vous partez**
7. **ils connaissent**
8. **nous conduisons**

C. *Singulier.* Ecrivez le singulier *des pronoms sujets* et *des verbes* suivants.

1. *tu attends*
2. **je dors**
3. **il entend**
4. **tu ouvres**
5. **elle choisit**
6. **je comprends**
7. **tu ris**
8. **il suit**

D. Conjugaisons. Choisissez les conjugaisons des **verbes en –ir et en –re** qui conviennent.

1.	b.	underline: attend	7. b.	**répond**
2.	a.	**apprend**	8. a.	**entend**
3.	b.	**comprennent**	9. b.	**réfléchissent**
4.	a.	**sort**	10. b.	**deviennent**
5.	a.	**désobéit**	11. b.	**sort**
6.	a.	**part**	12. a.	**savent**

E. Choix. Choisissez le bon verbe selon le contexte et conjuguez-le pour compléter le paragraphe suivant.
1. **connaît** 2. **sait** 3. **connaît** 4. **sait** 5. **connaît** 6 **sait** 7. **sort** 8. **part** 9. **sortir** 10. **part** 11. **sort**

2.4 - Le conditionnel présent

A. Conditionnel. Donnez les radicaux **du conditionnel** qui correspondent aux infinitifs suivants.

1.	**ir-**	9.	**essaier-**	17.	**reviendr-**
2.	**appeller-**	10.	**ser-**	18.	**rir-**
3.	**attendr-**	11.	**fer-**	19.	**saur-**
4.	**aur-**	13.	**faudr-**	20.	**sortir-**
5.	**choisir-**	13.	**mourr-**	21.	**suivr-**
6.	**connaîtr-**	14.	**parler-**	22.	**vaudr-**
7.	**courr-**	15.	**pourr-**	23.	**vivr-**
8.	**devr-**	16.	**recevr-**	24.	**voudr-**

B. Politesse. Rendez le dialogue suivant plus poli. Utilisez **le conditionnel.**
voudrais
pourrais
voudrait
devrais
pourrions
préférerais
aimerais

C. Interview. Complétez les phrases suivantes avec **le conditionnel** des verbes entre parenthèses.
1. **tiendrais** 2. **serais** 3. **pourrions** 4. **regarderions** 5. **lirait** 6. **aurais** 7. **ferait** 8. **irait** 9. **verrait** 10. **essaierais**

D. Rêves. De quoi est-ce qu'Elsa rêve ? Faites des phrases avec les éléments donnés. Utilisez **le conditionnel.**
1. **J'aimerais passer du temps avec ma mère.**
2. **Je voudrais aller dans le Vercors avec Julien.**
3. **Ma mère devrait tenir ses promesses.**
4. **Julien pourrait me montrer ses papillons.**
5. **Nous pourrions aller à la campagne ensemble !**

2.5 – L'interrogation : les questions à réponse oui/non, les questions d'information, les pronoms interrogatifs invariables

A. Questions. Transformez les phrases suivantes en **questions à réponse oui ou non**.

1. **Est-ce que les étudiants aiment le film ?**
   Les étudiants aiment le film, n'est-ce pas ?
   Les étudiants aiment-ils le film ?
2. **Est-ce que le réalisateur choisit des acteurs connus ?**
   Le réalisateur choisit des acteurs connus, n'est-ce pas ?
   Le réalisateur choisit-il des acteurs connus ?
3. **Est-ce que l'acteur joue dans beaucoup de films ?**
   L'acteur joue dans beaucoup de films, n'est-ce pas ?
   L'acteur joue-t-il dans beaucoup de films ?

B. Chez Julien. Utilisez les éléments suivants pour poser **des questions à réponse oui / non.**

1. **Est-ce que Julien aime les enfants ?**
   Julien aime-t-il les enfants ?
2. **Est-ce que Julien et Elsa attendent la rentrée d'Isabelle ?**
   Julien et Elsa attendent-ils la rentrée d'Isabelle ?
3. **Est-ce qu'Elsa obéit à Julien ?**
   Elsa obéit-elle à Julien ?
4. **Est-ce qu'Elsa ouvre la porte de la salle des papillons ?**
   Elsa ouvre-t-elle la porte de la salle des papillons ?
5. **Est-ce que Julien punit Elsa ?**
   Julien punit-il Elsa ?

C. Réponses. Lisez **les questions d'information** suivantes et choisissez les réponses qui conviennent.

1. **parce que…**
2. **une chose**
3. **une personne**
4. **une date**
5. **une explication**
6. **un endroit**

D. Renseignements. Lisez les réponses suivantes et écrivez **les questions d'information** qui correspondent aux mots soulignés. Utilisez **est-ce que** ou **l'inversion** pour poser vos questions.

1. **à Paris**.
   Où habitez-vous ?
2. **avec ma fille**.
   Avec qui habitez-vous ?
3. **après l'école**.
   Quand rend-elle visite au voisin ?
4. **au basket-ball**.
   A quoi s'intéresse-t-elle ?
5. **prendre des vacances**.
   Qu'est-ce que vous allez faire ?
6. **pour étudier des animaux sauvages**.
   Pourquoi partez-vous en voyage ?
7. **en voiture**.
   Comment voyagez-vous ?
8. **6 jours**
   Combien de jours (de temps) passez-vous à la montagne ?

E. **Comment ?** Vous racontez l'histoire du *Papillon* à votre grand-père. Il n'entend pas bien et vous demande de répéter des éléments de votre histoire. Posez **les questions d'information** qui correspondent aux mots soulignés.

<u>Une jeune mère et sa fille</u>
Qui aménage dans un appartement à Paris ?
<u>par sa mère</u>.
Par qui Elsa est-elle négligée ?
<u>parce qu'elle fait rebondir son ballon de basket</u>.
Pourquoi Elsa embête-t-elle le voisin d'en bas ?
<u>Julien</u>.
Comment le voisin s'appelle-t-il ?
<u>les papillons</u>.
Qu'est-ce que Julien collectionne ?
<u>le lendemain</u>.
Quand Julien part-il pour le Vercors ?
<u>dans le Vercors</u>.
Où Julien cherche-t-il un papillon ?
<u>avec Julien</u>.
Avec qui Elsa part-elle ?
<u>trois jours</u>
Combien de jours (Combien de temps) Julien et Elsa passent-ils dans le Vercors ?
<u>Elsa</u>.
Qui la police cherche-t-elle ?
<u>à la fin du film</u>.
Quand la police trouve-t-elle Elsa ?

2.6 – Les adjectifs et les pronoms interrogatifs

A. *Interview.* Vous préparez des questions pour une interview avec Philipe Muyl. Complétez les questions avec *l'adjectif interrogatif quel*.
1. **Quels** 2. **Quels** 3. **Quel** 4. **Quelles** 5. **Quels** 6. **quels** 7. **quelles** 8. **Quelle**

B. *Au magasin.* Julien et Elsa sont au magasin de vêtements où ils achètent des vêtements pour Elsa. Complétez leur dialogue avec *le pronom interrogatif lequel*.

Julien : <u>Lequel, Lesquelles</u>
Elsa : <u>Lesquels / lequel</u>
Julien : <u>Lesquelles</u>
Elsa : <u>A laquelle</u>
Julien : <u>Duquel</u>
Elsa : <u>Lequel</u>

C. *Questions d'Elsa.* Elsa pose beaucoup de questions à Julien. Complétez leurs conversations avec *l'adjectif interrogatif quel* ou *le pronom interrogatif lequel* selon le contexte.

Elsa : <u>Quelle</u>
Julien : <u>Quelle, Laquelle</u>
Elsa : <u>Quelle</u>
Elsa : <u>Quels</u>
Elsa : <u>Auxquels</u>

Julien : <u>Duquel</u>
Julien : <u>quelle</u>
Elsa : <u>laquelle</u>
Julien : <u>Quelle, Quel</u>

Traduction

Français → anglais

A. *Mots et expressions.* Traduisez les mots et les expressions suivantes *en anglais*.
1. to follow someone
2. to run after someone
3. to learn something
4. to learn to do something
5. to lose something
6. to lose hope
7. to run out of patience
8. to know someone
9. to know something
10. to know how to do something

B. *Phrases.* Traduisez les phrases suivantes *en anglais*.
1. Her mother doesn't keep her promise.
2. She always goes out on the weekends.
3. Elsa leaves with Julien.
4. Julien doesn't know Elsa very well.
5. He knows however that she is sad.

Anglais → français

A. *Mots et expressions.* Traduisez les mots et les expressions suivantes *en français*.
1. sortir souvent
2. attendre quelqu'un
3. chercher quelqu'un
4. trouver quelque chose
5. partir
6. aider quelqu'un à faire quelque chose
7. réussir à faire quelque chose
8. quelle fille
9. quel homme
10. quels problèmes

B. *Phrases.* Traduisez les phrases suivantes *en français*.
1. Pars-tu maintenant ?
2. Où vas-tu ?
3. Est-ce que je pourrais t'aider ?
4. Est-ce que je devrais m'occuper du chat ?
5. Quand reviens-tu ?

C. *Scénario.* Vous écrivez le sommaire du film *Le Papillon*. Traduisez-le **en français**.

A la recherche

Elsa est une petite fille qui cherche l'amour de sa mère. Isabelle est une jeune mère qui ne sait pas montrer qu'elle aime sa fille. Julien est un homme solitaire qui cherche un papillon. Elsa et Julien partent pour Le Vercors où ils rencontrent la famille de Sébastien - la famille idéale ! Elsa sait qu'elle devrait retourner à Paris parce que sa mère s'inquiète. Mais avant d'y retourner, elle voudrait aider Julien à trouver son papillon. Est-ce qu'ils réussissent à trouver le papillon ou est-ce qu'ils découvrent quelque chose d'autre ?

Compréhension générale

A. *Chronologie.* Mettez les phrases suivantes en ordre chronologique.

<u>**5**</u>
<u>**2**</u>
<u>**1**</u>
<u>**4**</u>
<u>**6**</u>
<u>**7**</u>
<u>**3**</u>

B. *Personnages.* Reliez les descriptions à droite avec **les personnages** à gauche.

<u>**F**</u> 1.
<u>**J**</u> 2.
<u>**D**</u> 3.
<u>**A**</u> 4.
<u>**E**</u> 5.
<u>**B**</u> 6.
<u>**H**</u> 7.
<u>**G**</u> 8.
<u>**C**</u> 9.
<u>**I**</u> 10.

C. *Portrait de la famille.* Complétez le tableau suivant avec **le vocabulaire du film**.

La famille d'Elsa			
	Lieu de résidence	**Occupation**	**Loisirs**
Elsa	Paris	élève	le basket, les jeux vidéos
Ses parents	mère : Paris père : ⊘	mère : aide soignante père : ⊘	mère : sortir avec les copains
Ses grands-parents	⊘	⊘	⊘
Autres	Julien : Paris	retraité	collectionner les papillons

D. *Profil.* Complétez le tableau suivant.

Profil du Papillon

Titre :   *Le Papillon*
Genre :   *Comédie dramatique*
Année de production : *2002*
Réalisateur :   *Philipe Muyl*
Lieu de l'action :   *Paris, Le Vercors*

3 événements principaux :
   1. *Elsa attend sa mère après l'école.*
   2. *Elsa accompagne Julien dans le Vercors.*
   3. *Elsa et Julien découvrent Isabelle.*

5 mots clés :
   1. *Le papillon*
   2. *La famille*
   3. *Le voyage*
   4. *La recherche*
   5. *La découverte*

Sommaire (une phrase) : *Un vieil homme solitaire à la recherche d'un papillon découvre une amitié inattendue.*

Anecdote : *Michel Serrault a été touché quand il a lu le scénario du film mais c'est sa petite-fille qui l'a convaincu de le faire.*

Photo

A. *Détails.* Regardez l'image et choisissez les bonnes réponses.

    c. <u>dans le Vercors</u>

    b. <u>C'est une scène du milieu du film</u>.

    a. <u>Elsa et Julien</u>

    c. <u>Ils cherchent un bon endroit pour attendre le papillon</u>.

    a. <u>Ils continuent le voyage</u>.

B. *Complétez.* Utilisez *le vocabulaire* suivant pour compléter la présentation de la photo.

    1. <u>à la montagne</u> 2. <u>une randonnée</u> 3. <u>Veuf</u> 4. <u>un papillon</u> 5. <u>négligée</u> 6. <u>l'amour</u> 7. <u>un maillot</u>

    7. <u>le basket</u> 8. <u>grande</u> 9. <u>voyageurs</u> 10. <u>aventure</u>

C. *En général.* Répondez aux questions suivantes. Ecrivez deux ou trois phrases.

    1. **Julien et Elsa sont dans le Vercors. Ils cherchent un bon endroit pour attendre *Isabelle*. Comme d'habitude, Elsa parle beaucoup et pose des questions. Julien l'écoute.**

    2. **Julien est un peu stressé et inquiet. Elsa est très contente. Elle aime être avec Julien et elle aime l'aventure du voyage.**

    3. **«A la recherche d'Isabelle ! Cette photo montre l'arrivée d'Elsa et de Julien dans le Vercors. C'est le début de leur recherche d'Isabelle et le début de leur voyage.**

D. *Aller plus loin.* Ecrivez un paragraphe pour répondre aux questions suivantes.

    1. **La recherche d'Isabelle a deux sens : trouver le papillon qui s'appelle Isabelle et retrouver la mère Isabelle. Le voyage de Julien a deux sens aussi : trouver le papillon pour tenir sa promesse à son fils et trouver le courage d'aimer les autres. Le voyage d'Elsa est de trouver l'amour de sa mère.**

    2. **Cette photo représente bien le voyage des deux personnages et le thème principal du film. Elle montre les caractères des deux personnages : Elsa est gaie, ouverte, bavarde et innocente ; Julien est désagréable, renfermé et mélancolique. Il y a un contraste entre les aspects physiques des deux personnages : Julien est grand et âgé ; Elsa est petite et jeune. La photo montre aussi un contraste entre les couleurs : le vert de la forêt ; l'orange du chapeau d'Elsa et du soleil ; le bleu du maillot d'Elsa ; etc. La photo capte bien l'intérêt principal du film : un vieil homme désagréable fait un voyage avec une petite fille.**

Lecture

Culture

Les réponses varient.

A. *Traductions.* Choisissez les traductions qui correspondent aux sigles.
1. **b.** <u>Unemployment agency</u>
2. **a.** <u>Comic strip</u>
3. **b.** <u>Children's Protective Services</u>
4. **a.** <u>Low income housing</u>
5. **a.** <u>Abortion</u>
6. **a.** <u>Legal marriage alternative</u>
7. **b.** <u>Welfare payment, income support</u>
8. **b.** <u>Homeless</u>
9. **a.** <u>Minimum wage</u>
10. **a.** <u>High speed train</u>

B. *Familles.* Avez-vous bien compris ? Lisez les phrases suivantes et déterminez si elles sont vraies ou fausses.
1. <u>vrai</u>
2. <u>vrai</u>
3. <u>faux</u>
4. <u>faux</u>
5. <u>faux</u>
6. <u>vrai</u>
7. <u>vrai</u>
8. <u>faux</u>
9. <u>vrai</u>
10. <u>faux</u>

C. *Les Français.* Qu'est-ce que vous avez appris sur les Français ? Ecrivez deux ou trois phrases pour résumer ce que vous avez appris.
1. Les enfants : **<u>Les enfants représentent 20% de la population mais la famille nombreuse disparaît. Presque 50% des enfants sont nés hors mariage mais le nombre d'enfants non souhaités baisse.</u>**
2. Le couple : **<u>Les hommes et les femmes partagent souvent les tâches domestiques. Le nombre de divorces augmente tandis que le nombre de mariages baisse.</u>**
3. Les retraités : **<u>L'espérance de vie est à peu près de 80 ans et le nombre de retraités augmente. Les retraités (ou les veufs/veuves) constituent la plupart des gens qui habitent seuls.</u>**

Jeux

A. *Expressions.* Choisissez *les expressions américaines* qui correspondent aux expressions données.

1.	**a.**	<u>on my back</u>	7.	**b.**	<u>their love hangs by a thread</u>
2.	**a.**	<u>under my feet</u>	8.	**a.**	<u>scram</u>
3.	**b.**	<u>to be fooled</u>	9.	**a.**	<u>shake on it</u>
4.	**b.**	<u>not a picnic</u>	10.	**b.**	<u>to fall in love</u>
5.	**b.**	<u>to look for a needle in a haystack</u>	11.	**a.**	<u>to get pregnant</u>
6.	**a.**	<u>to be at a complete loss</u>	12.	**b.**	<u>a shooting star</u>

B. *Scènes !* Regardez les scènes suivantes. Inventez un dialogue entre les personnages dans les scènes et jouez les scènes avec vos partenaires. Utilisez les expressions données pour vous inspirer !
Les réponses varient.

Les réponses varient.

Chapitre 3
Avant le visionnement

Exercices de vocabulaire

A. *Titres.* Donnez un titre à chaque groupe de mots.
1. **les mois de l'année**
2. **les matières**
3. **les sports**
4. **le temps**
5. **la salle de classe (les outils)**
6. **l'école**
7. **la campagne / le paysage**
8. **le passage du temps**
9. **les saisons**
10. **les vêtements**

B. *Matières.* Ecrivez les matières qui correspondent aux descriptions suivantes.
1. **l'histoire**
2. **la récréation**
3. **les sciences**
4. **les mathématiques**
5. **l'informatique**
6. **le français**
7. **l'art**
8. **l'éducation physique**
9. **l'anglais**
10. **l'éducation civique**

C. *Que porte-t-on ?* Observez le temps qu'il fait et déterminez ce qu'il faut porter !
1. **un pull, un imperméable, des bottes, etc.**
2. **un tee-shirt, un short, un chapeau, etc.**
3. **une jupe, un pantalon, une chemise, un pull, etc.**
4. **un imperméable, un foulard, des bottes, des gants, etc.**
5. **un jean, un pull, une veste, un anorak, un chapeau, etc.**

D. *Année scolaire.* Mettez les phrases en ordre chronologique. Commencez par le début de l'année scolaire.

  3
  2
  4
  1
  5

Après avoir regardé

Exercices de vocabulaire

A. *A l'école !* Utilisez *le vocabulaire du cahier* pour compléter les phrases suivantes.
1. <u>un village</u>
2. <u>rude</u>
3. <u>l'instituteur, classe unique</u>
4. <u>dictées</u>
5. <u>élèves</u>
6. <u>la récréation</u>
7. <u>le chouchou</u>
8. <u>sa (la) gomme</u>
9. <u>au collège</u>
10. <u>sa retraite</u>

B. *Vêtements.* Que portent-ils ? Corrigez les phrases suivantes en remplaçant les vêtements donnés avec ceux qui correspondent mieux au contexte. Utilisez *le vocabulaire du cahier*.
1. ~~leurs sandales~~ leurs bottes, ~~leurs baskets~~ leurs pantoufles
2. ~~un blouson~~ un anorak
3. ~~un tee-shirt~~ un pull
4. ~~un short et des baskets~~ une jupe et des collants
5. ~~un costume~~ une chemise et un jean/un pantalon
6. ~~un short~~ un bleu de travail
7. ~~des pantoufles~~ un imperméable et des bottes
8. ~~un foulard~~ un chapeau
9. ~~un anorak~~ un short et un tee-shirt
10. ~~un anorak et des bottes~~ un blouson et des baskets

Grammaire

3.1 – Les adjectifs et les pronoms démonstratifs

A. *Exercice-1.* M. Lopez apprend les chiffres à Jessie. Complétez son explication avec *les adjectifs démonstratifs* et *–ci* et *–là* selon le contexte.
<u>Cet, ce, ci, ce, là</u>.
<u>cette</u>. <u>Ce, ci</u>. <u>ces</u>.
<u>Cet, cette</u>.

B. *Exercice-2.* M. Lopez aide toujours Jessie. Complétez leur dialogue avec *les adjectifs* et *les pronoms démonstratifs* qui conviennent.
Jessie : <u>Ce, ci</u>? <u>Celui qui</u>? <u>cette</u>! <u>celui de</u>!
M. Lopez : <u>celui-ci</u>. <u>celui-là, cette</u>
Jessie : <u>celle de</u>
M. Lopez : <u>celle qui, cette</u>
Jessie : <u>ce</u>
M. Lopez : <u>celui</u>

3.2 – Les verbes être et avoir, Introduction aux pronoms compléments

A. *Qui est-ce ?* Complétez les phrases avec la forme appropriée *des verbes être* ou *avoir* selon le contexte. Ensuite, écrivez le nom du personnage du film qui correspond à la description.
1. **Jojo**, **a**, **est**, **est**
2. **Nathalie**. **a**. **est**
3. **Alizé**, **a**, **est**
4. **Olivier**, **est**, **a**
5. **Julien**, **est**, **est**, **a**

B. *Le chouchou et le cancre.* Comment sont le chouchou et le cancre ? Décrivez comment ils sont/ne sont pas et ce qu'ils ont/n'ont pas. Ecrivez un paragraphe pour faire leurs portraits. Utilisez *les verbes être* et *avoir*.

<table>
<tr><td colspan="3" align="center">le chouchou v. le cancre</td></tr>
<tr><td rowspan="5">être</td><td align="center">Le chouchou est...</td><td align="center">Le cancre n'est pas...</td></tr>
<tr><td>un bon élève, de bonne humeur, sage, heureux, poli, généreux, etc.</td><td>un bon élève, gentil, sage, agréable, etc.</td></tr>
<tr><td align="center">Le chouchou n'est pas...</td><td align="center">Le cancre est...</td></tr>
<tr><td>impatient, impoli, agaçant, etc.</td><td>de mauvaise humeur, impatient, impoli, etc.</td></tr>
<tr><td rowspan="5">avoir</td><td align="center">Le chouchou a...</td><td align="center">Le cancre n'a pas...</td></tr>
<tr><td>du bon sens, de la patience, beaucoup d'amis, de bonnes notes, etc.</td><td>de bon sens, de patience, d'amis, de bonnes notes, etc.</td></tr>
<tr><td align="center">Le chouchou n'a pas...</td><td align="center">Le cancre a...</td></tr>
<tr><td>de complexes, de problèmes, etc.</td><td>des complexes, des problèmes, etc.</td></tr>
</table>

En général, le chouchou est... **un bon élève de bonne humeur qui est heureux, gentil et patient. Comme il est poli, il a beaucoup d'amis et il n'a pas de problèmes. Il est sage, il fait ses devoirs et il a de bonnes notes. Par contre, le cancre est un mauvais élève de mauvaise humeur qui n'est pas heureux. Comme il est impoli, il n'a pas beaucoup d'amis et il a des complexes. Il n'est pas sage, il ne fait jamais ses devoirs et il a de mauvaises notes.**

C. *Portraits.* Faites les portraits des personnages suivants. Utilisez *les verbes être* et *avoir*.

Portraits		
	être	**avoir**
M. Lopez	*est sympa*, aimable, calme, passionné, sincère, optimiste, etc.	*a de la patience ; la soixantaine ; une belle voiture ; des élèves adorables*
Les parents de Julien	sont assez jeunes et de taille moyenne ; sincères mais moqueurs	ont la trentaine ; une maison, une ferme et des vaches ; des difficultés avec les maths ; deux enfants et beaucoup de relations familiales
Olivier	est assez grand ; timide et réservé ; calme mais de bonne humeur ; assez triste	a dix ans ; des soucis et des problèmes ; pas beaucoup de confiance ; un instituteur formidable
Jojo	est assez petit ; dynamique, énergique, sociable ; moqueur mais charmant	a quatre ans ; un beau visage, un sourire adorable ; un instituteur formidable

D. *Personnages.* Répondez aux questions suivantes. Utilisez **les verbes être** et *avoir* et **les pronoms compléments d'objet direct (le, la, l', les)** ou **le pronom en** selon le contexte.

1. <u>Oui, il l'est ! Oui, il en a beaucoup !</u>
2. <u>Oui, il l'est ! Oui, il en a trop !</u>
3. <u>Oui, il l'est ! Oui, il en a plusieurs.</u>
4. <u>Oui, elle l'est ! Oui, elle en a beaucoup !</u>
5. <u>Oui, il l'est ! Oui, il en a trop !</u>

E. *Etre et avoir.* Complétez les phrases suivantes avec la forme appropriée **des verbes être et avoir ou des expressions avec être et avoir** selon le contexte.

1. <u>est de bonne humeur</u>
2. <u>a l'air, est</u>
3. <u>a le temps</u>
4. <u>ont l'habitude</u>
5. <u>est sur le point</u>
6. <u>sont de mauvaise humeur</u>
7. <u>a raison</u>
8. <u>a du mal</u>
9. <u>ont peur</u>
10. <u>a</u>

3.3 - Le verbe faire, Le pronom en

A. Que faites-vous ? Complétez le tableau suivant selon le modèle. Utilisez *l'article défini, les contractions avec de et l'article défini* ou *de*. Attention ! Les verbes de préférences sont suivis de *l'article défini* !

Matières			
le français	J'aime *le français.*	Je fais *du français.*	Je ne fais pas *de français.*
la chimie	J'aime **la chimie.**	Je fais **de la chimie.**	Je ne fais pas **de chimie.**
l'art	J'aime **l'art.**	Je fais **de l'art.**	Je ne fais pas **d'art.**
les maths	J'aime **les maths.**	Je fais **des maths.**	Je ne fais pas **de maths.**
Sports			
le football	J'aime **le football.**	Je fais **du football.**	Je ne fais pas **de football.**
la voile	J'aime **la voile.**	Je fais **de la voile.**	Je ne fais pas **de voile.**
l'aviron	J'aime **l'aviron.**	Je fais **de l'aviron.**	Je ne fais pas **d'aviron.**
les sports	J'aime **les sports.**	Je fais **des sports.**	Je ne fais pas **de sports.**
Instruments de musique			
le piano	J'aime **le piano.**	Je fais **du piano.**	Je ne fais pas **de piano.**
la guitare	J'aime **la guitare.**	Je fais **de la guitare.**	Je ne fais pas **de guitare.**
l'accordéon	J'aime **l'accordéon.**	Je fais **de l'accordéon.**	Je ne fais pas **d'accordéon.**
les cymbales	J'aime **les cymbales.**	Je fais **des cymbales.**	Je ne fais pas **de cymbales.**
Activités diverses			
le théâtre	J'aime **le théâtre.**	Je fais **du théâtre.**	Je ne fais pas **de théâtre.**
la politique	J'aime **la politique.**	Je fais **de la politique.**	Je ne fais pas **de politique.**
l'astronomie	J'aime **l'astronomie.**	Je fais **de l'astronomie.**	Je ne fais pas **d'astronomie.**
les recherches	J'aime **les recherches.**	Je fais **des recherches.**	Je ne fais pas **de recherches.**

B. *Emploi du temps.* Vous avez 10 ans. Qu'est-ce que vous faites à l'école ? Complétez le tableau suivant et indiquez ce que vous faites à l'école. Ecrivez un paragraphe pour décrire votre journée typique. Utilisez *les expressions avec faire* et *le vocabulaire du film.*

Mon emploi du temps			
	destination	cours	activité
8h30	*l'école, la cour de récréation*	Ø	*faire du football*
9h30	l'école, la salle 101	l'anglais	Ø
10h30	l'école, la salle 101	l'éducation civique	Ø
11h30	l'école, la cantine	Ø	le déjeuner
12h30	l'école, la cour de récréation	Ø	faire du baseball
1h30	l'école, la salle 101	les maths	Ø
2h30	l'école, la salle 101	la géographie	Ø
3h30	l'école, la salle 101	l'art	Ø
4h30	la maison, la cuisine		le goûter
5h30	la maison, le bureau		les devoirs
6h30	la maison, la cuisine		le dîner
7h30	la maison, le salon		regarder la télé
8h30	la maison, la chambre		aller au lit

J'ai une journée très chargée… **je vais à l'école à 8h30 du matin. Mes amis et moi faisons du football et puis nous allons à la salle 101 pour l'anglais et l'éducation civique. Après le déjeuner à 11h30, nous allons en récréation pour faire du baseball. Ensuite, nous allons à la salle 101 pour les maths, la géographie et l'art. A 4h30, je rentre à la maison et je prends mon goûter dans la cuisine. Je fais mes devoirs dans le bureau jusqu'à 6h30 et je vais à la cuisine pour dîner. Je regarde la télé dans le salon jusqu'à 8h30 quand je vais au lit.**

C. *Météo.* Les élèves étudient la météo des régions de France. Complétez les phrases avec le temps qu'il fait. Utilisez *le verbe faire.*
1. **il fait 50°F/10°C. Il y a des orages (il pleut).**
2. **il fait 65°F/18°C. Il y a des nuages mais il fait doux.**
3. **il fait 75°F/24°C. Il fait du soleil et il fait beau !**
4. **il fait 45°F/7°C. Il fait mauvais et il va pleuvoir.**
5. **il fait 30°F/-1°C. Il fait froid et il neige.**

D. *Saisons.* Quelle saison est-ce que vous préférez ? Complétez le tableau suivant avec le temps qu'il fait pendant chaque saison et les activités que vous aimez faire. Ensuite, écrivez un paragraphe pour décrire vos préférences. Utilisez *les expressions avec faire.*

	Le temps	Les activités
en hiver	*Il fait froid et il neige.*	Je fais de la luge.
au printemps	Il fait frais et il pleut.	Je fais un pique-nique et je fais du vélo.
en été	Il fait chaud et il fait du soleil.	Je fais de la natation ou je fais du football.
en automne	Il fait doux mais il y a des orages.	Je fais mes devoirs ! C'est la rentrée scolaire !

Je préfère l'été parce qu'il fait chaud et il fait du soleil. J'aime beaucoup le soleil ! J'aime aussi faire de la natation ou jouer dehors avec mes amis. Nous faisons souvent du football. Je n'aime pas du tout l'automne. En automne, il fait doux mais il y a des orages. Je déteste les orages ! C'est aussi la rentrée scolaire. J'aime aller à l'école mais je n'aime pas faire mes devoirs !

E. *Loisirs.* M. Lopez parle avec un élève de ses activités préférées. Répondez aux questions suivantes. Utilisez *le verbe faire* et *le pronom en.*

1. <u>**Non ! Je n'en fais pas en été. Je fais de la natation !**</u>
2. <u>**Non ! Je n'en fais pas en automne. Je fais du football !**</u>
3. <u>**Non ! Je n'en fais pas en hiver ! Je fais du ski !**</u>
4. <u>**J'en fais quelquefois au printemps. Je fais aussi du football.**</u>
5. <u>**J'en fais de temps en temps après l'école.**</u>
6. <u>**Oui, j'en fais. Je joue du piano.**</u>

3.4 – Les verbes aller et venir, Le passé récent et le futur proche

A. *Où ?* Les enfants parlent de leurs vacances avec l'instituteur. Où vont-ils ? Complétez le dialogue avec la forme appropriée *du verbe aller* et *la contraction de la préposition à* et *l'article défini.*

L'instituteur : <u>allez</u>
Maxime : <u>vais</u>, <u>à la</u>, <u>va</u>, <u>aux</u>. <u>**Allons**</u>, <u>à la</u>
L'instituteur : <u>vas,</u> <u>à la</u>
Maxime : <u>vont, aux</u>. <u>vais</u>. <u>**Allons,**</u> <u>au</u>
L'instituteur : <u>vais,</u> <u>à la</u>

B. *D'où ?* Les enfants rentrent dans la classe après la récréation. L'instituteur leur pose des questions. Complétez leur dialogue avec la forme appropriée *du verbe venir et la contraction de la préposition de et l'article défini.*

L'instituteur : <u>**D,**</u> <u>venez</u>
Maxime : <u>**Viens**</u>, <u>de l'</u>, <u>vient</u>, <u>de la</u>
Nathan : <u>**Viennent,**</u> <u>du</u>
L'instituteur : <u>**Venons,**</u> <u>de la</u>

C. *Venir et aller.* Indiquez l'origine et la destination des gens suivants. Utilisez *les verbes venir et aller et les contractions des prépositions de et à et l'article défini.*

1. <u>**Vous venez de la maison. Vous allez au restaurant.**</u>
2. <u>**Ils viennent de la ville. Ils vont à la montagne.**</u>
3. <u>**Je viens de la forêt (de la campagne). Je vais à la plage.**</u>
4. <u>**Elle vient de la gare (du train). Elle va au lit.**</u>
5. <u>**Tu viens du musée. Tu vas à la maison.**</u>

D. *Notre journée.* Complétez les phrases suivantes avec la forme appropriée *du passé récent ou du futur proche* selon le contexte.

1. <u>viens de</u>
2. <u>allons</u>
3. <u>viennent d' (vont)</u>
4. <u>vas</u>
5. <u>venons de</u>
6. <u>allez</u>
7. <u>va</u>
8. <u>vient de</u>. <u>vont</u>
9. <u>viens de (vais)</u>. <u>va</u>
10. <u>viennent de (vont)</u>. <u>vont</u>

3.5 - Le futur simple

A. Futur. Donnez les radicaux *du futur* qui correspondent aux infinitifs suivants.

1. <u>ir-</u>	9. <u>essaier-</u>	17. <u>reviendr-</u>
2. <u>appeller-</u>	10. <u>ser-</u>	18. <u>rir-</u>
3. <u>attendr-</u>	11. <u>fer-</u>	19. <u>saur-</u>
4. <u>aur-</u>	13. <u>faudr-</u>	20. <u>sortir-</u>
5. <u>choisir-</u>	13. <u>mourr-</u>	21. <u>suivr-</u>
6. <u>connaîtr-</u>	14. <u>parler-</u>	22. <u>vaudr-</u>
7. <u>courr-</u>	15. <u>pourr-</u>	23. <u>vivr-</u>
8. <u>devr-</u>	16. <u>recevr-</u>	24. <u>voudr-</u>

B. Cet après-midi. Monsieur Lopez parle à sa classe et à son assistante. Complétez ses phrases avec *le futur* des verbes entre parenthèses.

<u>finiras</u>. <u>poserez</u>
<u>devra</u>. <u>Pourra, aura</u>. <u>viendras</u>
<u>irons, serez</u>. <u>voudrai</u>

C. A la retraite ! Monsieur Lopez prendra sa retraite l'année prochaine. Comment passera-t-il son temps libre ? Ecrivez un paragraphe *au futur* pour décrire ce qu'il fera.
L'année prochaine, je serai à la retraite....
Les réponses varient.

3.6 – La négation : adverbes, adjectifs, pronoms et conjonctions négatifs

A. Conseiller académique. Complétez le dialogue entre un conseiller académique et un élève. Utilisez *les expressions négatives.*

<u>n', aucun</u>
<u>ne, jamais</u>
<u>n', plus</u>
<u>ne, rien</u>
<u>ne, personne</u>
<u>ne, pas</u>
<u>ne, rien</u>

B. Faux ! Les phrases suivantes sont fausses. Mettez les phrases suivantes au négatif pour les corriger. Utilisez *les expressions négatives.* Attention aux articles !

1. <u>Au début du film, il n'y a personne dans la salle.</u>
2. <u>Dans le village, il n'y a pas beaucoup de maisons et de bâtiments.</u>
3. <u>Le village n'est pas très animé et il n'y a jamais rien à faire.</u>
4. <u>L'école n'est pas très grande et moderne.</u>
5. <u>Les élèves n'ont jamais de problèmes avec l'instituteur.</u>
6. <u>Nathalie n'est jamais très bavarde parce qu'elle n'a aucune confiance en elle.</u>
7. <u>Nathalie ne parle à personne.</u>
8. <u>Après cette année, Jonathan, Julien, Nathalie et Olivier ne vont plus à l'école primaire.</u>
9. <u>Après l'an prochain, M. Lopez ne va plus être instituteur.</u>
10. <u>A la fin du film, M. Lopez n'est pas très content ; il ne veut plus prendre sa retraite et quitter l'école.</u>

C. *L'école.* Vous faites un documentaire. 10 élèves et un instituteur vont passer six mois dans une école à classe unique. Vous faites l'inventaire de ce qu'il va y avoir/ne va pas y avoir dans la salle et décrivez comment la salle va être/ne va pas être. Ecrivez un paragraphe pour décrire l'école aux participants. Utilisez *les expressions négatives*.

	L'école à classe unique	
	l'école va être...	**l'école ne va pas être...**
être	*petite*, **vieille, mal équipée, isolée, tranquille, etc.**	*grande*, **moderne, bien équipée, etc.**
	l'école va avoir	**l'école ne va pas avoir**
avoir	*un tableau*, **des tables et des chaises, un bureau, des livres et des cahiers, peu d'instituteurs et peu d'élèves, etc.**	*d'ordinateur*, **beaucoup d'instituteurs, beaucoup de salles (pas d'infothèque, de bibliothèque, de gymnase, de cantine, etc.), de terrains de foot, de tennis, etc.**

Vous allez passer 6 mois dans une école à classe unique. **L'école va être différente des écoles dans les grandes villes. Elle va être isolée, vieille et très petite. Elle ne va pas être très bien équipée mais il va y avoir des tables, des chaises, des livres, etc. Il va y avoir une seule salle (pas de bibliothèque, de cantine, etc.) ! Un instituteur va enseigner à tous les enfants dans la même salle de classe en même temps. Il faut avoir de la patience ! Malgré tout, vous allez aimer l'ambiance !**

Compréhension générale

A. *Saisons.* Mettez les phrases suivantes en ordre chronologique.

   5
   2
   4
   6
   3
   1

B. *Emploi du temps.* Reliez les colonnes pour décrire la journée des enfants. *Les réponses varient.*

   D   1.
   J   2.
   A   3.
   C   4.
   G   5.
   H   6.
   I   7.
   F   8.
   E   9.
   B 10.

C. *Questions à choix multiples.* Choisissez la bonne réponse.

1. **a. en hiver**
2. **c. en Auvergne**
3. **b. rude**
4. **a. l'agriculture**
5. **a. assez bien équipée**
6. **b. 3 à 11 ans**
7. **c. à revenus modérés**
8. **a. des vaches**
9. **c. correctes**
10. **b. la vie quotidienne**

D. *Profil.* Complétez le tableau suivant.

Profil d'*Etre et avoir*

Titre : *Etre et avoir*

Genre : *Documentaire*

Année de production : *décembre 2000 – juin 2001*

Réalisateur : *Nicolas Philibert*

Lieu de l'action : *Saint-Etienne-sur-Usson, en Auvergne*

3 événements principaux :

1. *Le film commence en hiver.*
2. *Les élèves travaillent à l'école et à la maison.*
3. *Monsieur Lopez dit au revoir à ses élèves pour la dernière fois cette année.*

5 mots clés :

1. *Etre*
2. *Avoir*
3. *L'instituteur (les élèves, l'école)*
4. *Le temps*
5. *La campagne*

Sommaire (une phrase) : *Pendant six mois, on observe l'école à classe unique de Saint-Etienne-sur-Usson.*

Anecdote : *Tous les élèves étaient très enthousiastes et ils attendaient la sortie du film avec impatience !*

Traduction

A. *Mots et expressions.* Traduisez les mots et les expressions suivantes *en anglais*.

1. <u>never anything fun</u>
2. <u>never anyone interesting</u>
3. <u>never anywhere</u>
4. <u>no friends</u>
5. <u>neither read nor write</u>
6. <u>only one problem</u>
7. <u>not at all</u>
8. <u>to make work</u>
9. <u>to make laugh</u>
10. <u>to make cry</u>

B. *Phrases.* Traduisez les phrases suivantes *en anglais*.
1. <u>He doesn't know how to read or write.</u>
2. <u>He doesn't have any friends at school.</u>
3. <u>He never goes anywhere.</u>
4. <u>The teacher makes the students laugh.</u>
5. <u>But they never do anything interesting.</u>

Anglais → français

A. *Mots et expressions.* Traduisez les mots et les expressions suivantes *en français*.

1. <u>avoir # ans</u>
2. <u>avoir raison</u>
3. <u>être d'accord</u>
4. <u>avoir du mal à...</u>
5. <u>faire # degrès</u>
6. <u>faire froid</u>
7. <u>faire chaud</u>
8. <u>aller faire</u>
9. <u>venir de faire</u>
10. <u>fer- (ai, as, a, ons, ez, ont)</u>

B. *Phrases.* Traduisez les phrases suivantes *en français*.
1. <u>Nathalie a 11 ans.</u>
2. <u>Elle est très timide.</u>
3. <u>Elle a du mal à communiquer.</u>
4. <u>Elle va aller au collège.</u>
5. <u>Elle ne demandera aucune aide.</u>

C. *Au collège.* M. Lopez écrit un mot à un professeur au futur collège de Nathalie. Traduisez-le *en français*.

Cher Monsieur,

Nathalie a 11 ans et elle est charmante mais timide. Elle a du mal à communiquer et elle ne parle guère aux autres. Elle aura du mal à se faire des amis au collège et j'espère qu'elle ne sera pas trop triste. La première année au collège sera sans aucun doute difficile pour elle mais je sais que vous l'aiderez à réussir. Il faudra expliquer à Nathalie qu'elle devra travailler et faire ses devoirs. Elle ne demandera aucune aide mais je sais qu'elle en voudra ! Bonne chance !

M. Lopez

Photo

A. *Détails.* Regardez la photo et cochez les bonnes réponses.
1. **l'école, l'intérieur**
2. **l'instituteur, Marie, Jojo, Alizé**
3. **la patience**

B. *Vrai ou Faux ?* Déterminez si les phrases sont vraies ou fausses.
1. <u>faux</u>
2. <u>faux</u>
3. <u>faux</u>
4. <u>vrai</u>
5. <u>vrai</u>

C. *En général.* Répondez aux questions suivantes. Ecrivez deux ou trois phrases.
1. **Il y a trois enfants (et la main d'un enfant qu'on ne voit pas) et l'instituteur. Ils sont en train de travailler. M. Lopez, Marie et Alizé regardent le travail de Jojo.**
2. **La scène se passe dans la salle de classe dans le coin des petits. On voit des affiches sur les murs, des cahiers, des ciseaux, des feuilles sur les tables, des étagères et une fenêtre.**
3. **Il fait assez froid parce que les enfants portent des vêtements chauds. Marie et Alizé portent un pull et Jojo porte un pull polaire. On voit par la fenêtre qu'il fait du soleil.**
4. **Un bon titre pour la scène est «Une leçon». M. Lopez parle avec des élèves du travail de Jojo. Il leur apprend une leçon.**

D. *Aller plus loin.* Ecrivez un paragraphe pour répondre aux questions suivantes.
1. **Le comportement de M. Lopez est typique de son comportement pendant tout le film. Il est très attentif aux élèves et sincère. On voit la patience et l'amour qu'il a pour son travail et ses élèves et on peut imaginer le ton doux de sa voix.**
2. **Le comportement des élèves est typique de leur comportement au cours du film. Ils ont l'air d'être vraiment intéressés par la leçon et par le travail. Ils sont toujours attentifs à l'instituteur et aux autres élèves. Ils veulent apprendre !**
3. **On ne voit pas les grands sur la photo, mais ils sont dans la classe avec M. Lopez et les petits. Ils travaillent sans M. Lopez parce qu'il doit s'occuper des petits.**

4. **Oui ! Les petits sont très sages et ils s'intéressent toujours au travail de leurs camarades de classe. M. Lopez leur demande de regarder le travail des autres. Au début du film, les enfants apprennent à écrire «Maman», M. Lopez leur demande de critiquer le graphisme (est-ce bien écrit ?). Pendant la scène où les petits apprennent le genre des noms, M. Lopez leur demande de lire les phrases à haute voix et d'indiquer si la phrase est correcte. Les petits ont donc l'habitude de regarder, de juger et de critiquer le travail de leurs camarades de classe. Ils offrent leurs opinions, même quand on n'en demande pas !**
5. **Oui ! Il y a beaucoup de scènes où M. Lopez travaille avec les petits tandis que les grands travaillent tout seul. Il y a aussi des scènes où les petits travaillent tout seul tandis que M. Lopez travaille avec les grands. Ce genre de scène montre les difficultés d'enseigner dans une école à classe unique et l'autonomie des enfants.**

Lecture

Les réponses varient.

Culture

A. *Le cinéma français.* Citez quelques exemples pour chaque rubrique.
  1. <u>**les comédies, les documentaires, les drames, etc.**</u>
  2. <u>**Les Triplettes de Belleville, Le Papillon, Les Visiteurs, etc.**</u>
  3. <u>**Michel Serrault, Vincent Cassel, Jean Reno, etc.**</u>
  4. <u>**Catherine Deneuve, Juliette Binoche, Audrey Tautou, etc.**</u>
  5. <u>**Sylvain Chomet, Philipe Muyl, Nicolas Philibert, etc.**</u>

B. *Documentaires français.* Qu'est-ce qu'un documentaire ? Citez quelques exemples pour chaque rubrique.
  1. <u>**des interviews, des photographies, une narration, etc.**</u>
  2. <u>**éducatif, informatif, objectif, etc.**</u>
  3. <u>**l'éducation, la nature, la culture contemporaine, etc.**</u>
  4. <u>**l'éducation, la vie quotidienne, la nature, le climat, etc.**</u>
  5. <u>**Qui sait ?, Le Pays des sourds, Un Animal, des animaux, etc.**</u>

C. *Documentaire de Philibert.* On dirait que les documentaires de Philibert se distinguent des autres documentaires parce qu'il cherche à porter un nouveau regard sur la vie contemporaine. Analysez *Etre et avoir.*

Analyse
Etre et avoir

Sujet : l'école à classe unique
la vie quotidienne
une région isolée

Personnages : 13 élèves et leur famille
un instituteur

Epoque : 2000 – 2001 (la vie contemporaine)

But : Montrer la vie quotidienne d'une classe unique dans une région isolée.

Techniques/caractéristiques de «son regard» :
une absence de narration, une seule interview, une seule caméra, etc.

Est-ce qu'il réussit à porter un nouveau regard sur la vie contemporaine ?
On n'a jamais vu de film sur ce genre d'école présenté d'une telle manière.

A. Rédaction ! Vous êtes instituteur. Corrigez la composition d'un de vos élèves. Après, expliquez à l'élève les règles de la grammaire française pour qu'il comprenne ses fautes.

> Version corrigée
>
> Michel Marceau
> le 29 **septembre**
>
> Une rédaction
> Ma vie à **l'école**
>
> **J'ai** huit ans et je **vais** à **l'école** de Saint-Etienne-sur-Usson. **J'ai un ami** et **une amie**. **J'aime faire des** maths mais je **n'aime pas** le français. Après **l'école**, mes **amis viennent** chez **moi**. Nous **faisons du** football. **Il est sept heures** maintenant. Je mange et je **vais au** lit !

Explications

1. **Je suis 8 ans. J'ai huit ans.**   En français, on utilise le verbe avoir pour exprimer l'âge.
   Les réponses varient.

B. Qui est-ce ? Lisez les phrases suivantes à haute voix et déterminez si c'est l'instituteur ou un enfant/des enfants qui les disent.
   1. **l'instituteur**
   2. **Marie**
   3. **Axel**
   4. **Jojo**
   5. **Axel**
   6. **l'instituteur**
   7. **Alizé**
   8. **l'instituteur**
   9. **l'instituteur**
   10. **les élèves**

C. Scènes. Pensez aux scènes suivantes. Décidez si la scène décrite est plutôt comique, neutre ou triste.
   1. **comique**
   2. **comique**
   3. **comique**
   4. **triste**
   5. **comique**
   6. **comique**
   7. **neutre**
   8. **comique**
   9. **triste**
   10. **neutre**

D. Scènes préférées. Regardez les scènes de l'exercice C et choisissez les scènes que vous aimez beaucoup. Développez un dialogue qui correspond à la scène.
   Les réponses varient.

Composition

Les réponses varient.

Chapitre 4
Avant le visionnement

Exercices de vocabulaire

A. Qu'est-ce que c'est ? Complétez les phrases suivantes avec *le vocabulaire* ci-dessous.
1. **un camarade, un compagnon, un copain.**
2. **un amoureux, un petit ami, un petit copain.**
3. **une camaraderie, une solidarité, une harmonie.**
4. **une habitation, un logement, une résidence.**
5. **un ensemble, une fusion, un groupement.**

B. Etudes. Complétez les phrases suivantes avec *le vocabulaire* à droite.
1. **à l'université**
2. **le baccalauréat**
3. **des demandes, son dossier**
4. **admis**
5. **des cours, s'inscrit à**
6. **des frais d'inscription**
7. **un logement. son loyer**
8. **assiste, passe**
9. **réussit, son diplôme**
10. **son CV, un travail**

C. Chronologie. Mettez les phrases suivantes en ordre chronologique.
- **4**
- **6**
- **3**
- **1**
- **5**
- **2**
- **8**
- **7**

Après avoir regardé

Exercices de vocabulaire

A. *Personnages !* Utilisez *les adjectifs* suivants pour décrire les personnages du film.
1. <u>enthousiaste, optimiste, ouvert et sociable.</u>
2. <u>farfelue, sensible et tendre.</u>
3. <u>égoïste et triste.</u>
4. <u>dominateur et insensible</u>
5. <u>coincée, renfermée et timide.</u>
6. <u>décontracté et désordonné.</u>
7. <u>confiante, indépendante et ouverte.</u>
8. <u>calme, intelligent et sensible.</u>
9. <u>démonstrative, fière et impulsive.</u>
10. <u>organisé, ordonné et sérieux.</u>
11. <u>sérieuse, sensible et sympathique.</u>
12. <u>borné et insensible.</u>

B. *Qu'est-ce que c'est ?* Xavier aide ses colocataires à apprendre le français. Il leur donne des définitions des mots suivants. Reliez ses explications avec *le vocabulaire* ci-dessous.
1. <u>la bureaucratie</u>
2. <u>le bac</u>
3. <u>la fac (la faculté)</u>
4. <u>des études à l'étranger</u>
5. <u>les études supérieures</u>
6. <u>une langue étrangère</u>
7. <u>une auberge (espagnole)</u>
8. <u>un boulot</u>
9. <u>une union</u>
10. <u>la découverte</u>

Grammaire

4.1 – Les noms géographiques, Les pronoms y et en

A. *L'Union européenne.* Donnez *l'article défini* (si cela est nécessaire) qui correspond aux pays membres de l'Union européenne.

1. <u>l'</u>	10. <u>la</u>	19. <u>les</u>
2. <u>l'</u>	11. <u>la</u>	20. <u>la</u>
3. <u>la</u>	12. <u>la</u>	21. <u>le</u>
4. <u>la</u>	13. <u>l'</u>	22. <u>la</u>
5. <u>Ø</u>	14. <u>l'</u>	23. <u>le</u>
6. <u>le</u>	15. <u>la</u>	24. <u>la</u>
7. <u>l'</u>	16. <u>la</u>	25. <u>la</u>
8. <u>l'</u>	17. <u>le</u>	26. <u>la</u>
9. <u>la</u>	18. <u>Ø</u>	27. <u>la</u>

B. *On parle français !* Donnez *les prépositions* (si cela est nécessaire) qui correspondent aux noms géographiques suivants.

en, **à**, **en**, **à**, **en**, **à**

en, **en**, **à**, **en**, **à**

en, **à**, **au**, **en**,

aux, **à la**, **en**, **dans le**, **au**,

à, **au**, **en**,

à, **au**, **à**, **au**,

en, **à**, **à**

C. *D'où sont-ils ?* Donnez *les prépositions* ou *les contractions* qui correspondent aux noms géographiques.

1. **du**, **de**, **d'**
2. **de**, **du**, **d'**
3. **de la**, **de**, **des**, **d'**
4. **de**, **du**, **du**, **d'**
5. **de**, **de**, **d'**
6. **de**, **du**, **d'**
7. **de**, **d'**, **d'**
8. **du**, **d'**, **d'**
9. **de**, **du**, **d'**
10. **de**, **d'**, **d'**

D. *Géographie.* Complétez les phrases suivantes avec les villes, les pays, les continents, les langues et les nationalités qui conviennent. Ajoutez *les articles* et *les prépositions* nécessaires.

1. **des Etats-Unis**, **Les Etats-Unis**, **en Amérique**, **Washington D.C.**, **Américains**, **anglais**, **à Washington D.C.**, **aux Etats-Unis**
2. **d'Angleterre**, **L'Angleterre**, **en Europe**, **Londres**, **Anglais**, **anglais**, **à Londres**, **en Angleterre**
3. **du Danemark**, **Le Danemark**, **en Europe**, **Copenhague**, **Danois**, **danois**, **à Copenhague**, **au Danemark**
4. **d'Egypte**, **L'Egypte**, **en Afrique**, **Le Caire**, **Egyptiens**, **arabe**, **au Caire**, **en Egypte**
5. **du Gabon**, **Le Gabon**, **en Afrique**, **Libreville**, **Gabonais**, **français**, **à Libreville**, **au Gabon**
6. **d'Haïti**, **Haïti**, **en Amérique**, **Port-au-Prince**, **Haïtiens**, **créole (haïtien)**, **à Port-au-Prince**, **en Haïti**
7. **du Liban**, **Le Liban**, **en Asie**, **Beyrouth**, **Libanais**, **arabe**, **à Beyrouth**, **au Liban**
8. **du Canada**, **Le Canada**, **en Amérique**, **Ottawa**, **Canadiens**, **anglais**, **à Ottawa**, **au Canada**
9. **de Vanuatu**, **Vanuatu**, **en Océanie**, **Port-Vila**, **Vanuatuans**, **bichelamar**, **à Port-Vila**, **à Vanuatu**
10. **du Viêt-Nam**, **Le Viêt-Nam**, **en Asie**, **Hanoï**, **Vietnamiens**, **vietnamien**, **à Hanoï**, **au Viêt-Nam**

E. *Tour de monde.* Votre amie adore voyager ! Elle répond à vos questions sur ses voyages passés et futurs avec *le pronom y.*

1. **J'y suis allée.**
2. **Nous n'y sommes pas allés.**
3. **Il va y aller.**
4. **Ma famille ne va pas y aller cet été.**
5. **Nous venons d'y voyager.**
6. **J'y ai passé du temps.**
7. **Tu peux y aller avec moi !**
8. **Je ne veux pas y aller.**
9. **J'y ai déjà voyagé.**
10. **J'ai envie d'y aller !**

F. *Grande fête.* Votre petit ami vous pose des questions sur l'arrivée de vos amis à une grande fête. Répondez à ses questions. Utilisez *le pronom en.*

1. **Elle en est venue.**
2. **Il n'en est pas venu.**
3. **Il va en partir.**
4. **Elle vient d'en partir.**
5. **Il n'en part pas.**
6. **Ils vont en partir.**
7. **Elle n'en est pas partie.**
8. **Elle doit en partir.**
9. **Ils n'en viennent pas.**
10. **Je vais en venir.**

G. *Portable.* Marguerite répond à son portable. Elle a une mauvaise connexion et il faut tout répéter. Complétez sa conversation avec *le pronom y* ou *en* selon le contexte.

y
en
y
y
en
y
y, y, y
en
y
y

4.2 – Le passé composé

A. *Participes passés.* Donnez *les participes passés* qui correspondent aux infinitifs suivants.

1. **assis**
2. **atteint**
3. **attendu**
4. **eu**
5. **bu**
6. **compris**
7. **connu**
8. **découvert**
9. **écrit**
10. **été**
11. **fait**
12. **fini**
13. **lu**
14. **mort**
15. **né**
16. **rendu**
17. **revenu**
18. **su**
19. **souri**
20. **traduit**
21. **venu**
22. **visité**
23. **vécu**
24. **voulu**

B. *Avoir ou être ?* Déterminez s'il faut le verbe auxiliaire *avoir* ou le verbe auxiliaire *être.* Ajoutez l'accord si cela est nécessaire.

1. **avons, Ø**
2. **est, e, est, e**
3. **sont, s**
4. **ont, Ø, A, Ø**
5. **ont, Ø, avons, Ø**
6. **a, Ø, as, Ø**
7. **ai, Ø**
8. **sommes, s**
9. **a, Ø, ai, Ø, avons, Ø**
10. **a, Ø**

C. *Et après ?* L'histoire de Mathilde continue. Complétez le paragraphe suivant avec *le passé composé* des verbes entre parenthèses. Attention à l'accord des participes passés !

1. **s'est préparée** 2. **a pris** 3. **a choisi** 4. **a mise** 5. **s'est maquillée** 6. **s'est brossé** 7. **a sorti**
8. **se sont promenés** 9. **est partie** 10. **est allée** 11. **a vu** 12. **n'est pas entré** 13. **a aperçu**
14. **a embrassé** 15. **a compris** 16. **s'est levée** 17. **a quitté** 18. **n'est pas rentrée** 19. **est allée**
20. **n'a jamais su**

D. *Qu'est-ce qui s'est passé ?* Une jeune étudiante tient un journal intime. Mettez son entrée du 23 mars *au passé composé*. Attention à l'accord des participes passés !

le 23 mars

Mon ami **a frappé** à ma porte. Il m'**a invitée** à sortir avec nos colocataires. J'**ai refusé** mais il m'**a persuadée** de sortir. Je **suis sortie** avec eux. Nous **nous sommes promenés** dans les rues vides. Nous **avons trouvé** des clubs intéressants. Nous **avons rencontré** d'autres jeunes étudiants et nous **nous sommes amusés** ensemble. Les clubs **ont fermé**. Nous **sommes rentrés** chez nous très tard. Quelle belle nuit !

A.3 — L'imparfait

A. *Radicaux.* Donnez *les radicaux de l'imparfait* qui correspondent aux infinitifs suivants.

1. **all-**
2. **assey-**
3. **atteign-**
4. **attend-**
5. **av-**
6. **buv-**
7. **compren-**
8. **connaiss-**
9. **découvr-**
10. **dev-**
11. **écriv-**
12. **ét-**
13. **fais-**
14. **finiss-**
15. **lis-**
16. **lou-**
17. **pouv-**
18. **rend-**
19. **sav-**
20. **souri-**
21. **traduis-**
22. **viv-**
23. **ven-**
24. **voul-**

B. *Le départ.* Une étudiante décrit le jour où elle part pour aller à l'étranger. Mettez les verbes entre parenthèses à *l'imparfait*.

1. **Faisait** 2. **etions** 3. **disaient** 4. **avais** 5. **etais** 6. **souriaient** 7. **savais** 8. **ne voulaient pas** 9. **tenait**
10. **pleurions** 11. **me sentais** 12. **ne pouvions pas** 13. **devais** 14. **allait** 15. **ne voulais plus** 16. **savais**
11. **allait**

C. *Comment c'était ?* Une étudiante écrit dans son journal. Mettez son entrée *à l'imparfait.*

le 23 mars

C'**était** samedi soir. Il **était** 10 heures. Il **faisait** beau. Le ciel **était** clair et les étoiles **brillaient**.

J'**étais** dans ma chambre. Je **pouvais** entendre mes camarades. Ils **faisaient** beaucoup de bruit, ils

parlaient très fort, ils **riaient** beaucoup et ils **s'amusaient**. J'**avais** beaucoup de travail à faire et

j'**étais** en train d'écrire dans mon journal. Je **m'ennuyais** un peu, le bruit me **dérangeait** et j'**avais**

du mal à me concentrer mais je **voulais** travailler. Les autres **allaient** sortir...

4.4 – Le passé composé et l'imparfait

A. *Quel temps ?* Mettez les phrases suivantes *au passé compose* et *à l'imparfait* et indiquez pourquoi il faut utiliser *le passé composé* ou *l'imparfait* dans les phrases suivantes.

3
6
7
9/4/6
1
8
2
10/5
1
6
10

B. *A l'étranger.* Mettez les verbes entre parenthèses *au passé composé* ou *à l'imparfait* pour raconter l'histoire d'un étudiant. Attention à l'accord des participes passés !
1. **passait** 2. **allaient** 3. **parlait** 4. **ecoutait** 5. **riaient** 6. **s'amusaient** 7. **s'aimaient** 8. **a décidé**
9. **s'est inscrit** 10. **est parti** 11. **etait** 12. **a dit** 13. **allait** 14. **est partie** 15. **est allé** 16. **lisait**
17. **est sortie** 18. **observait** 19. **a compris** 20. **est retournée** 21. **a acheté** 22. **est rentrée**

4.5 – Le plus-que-parfait

A. *Formation.* Mettez les verbes suivants au *plus-que-parfait.*
1. **j'étais allé (e)**
2. **tu t'étais assis (e)**
3. **il avait eu**
4. **nous avions connu**
5. **vous aviez découvert**
6. **ils avaient écrit**
7. **j'étais rentré (e)**
8. **nous avions fait**
9. **ils s'étaient vus**
10. **il avait lu**

B. *Si seulement.* Complétez les regrets des étudiants avec *le plus-que-parfait* des verbes entre parenthèses.

1. **avais préparé**
2. **avaient expliqué**
3. **avions écouté**
4. **était venue**
5. **avions pu**

C. *Conseils.* Complétez le paragraphe suivant avec *le passé composé, l'imparfait* ou *le plus-que-parfait* des verbes entre parenthèses selon le contexte.

1. **ai eu** 2. **avais parlé** 3. **était** 4. **avais dit** 5. **avait déjà regardé** 6. **avait déjà préparé** 7. **suis arrivé** 8. **avaient recommandé** 9. **me suis préparé** 10. **étais**

Traduction

Français → anglais

A. *Mots et expressions.* Traduisez les mots et les expressions suivantes *en anglais*.

1. **union**
2. **friendship**
3. **higher education (studies)**
4. **university**
5. **in/at/to France**
6. **from France**
7. **in/at/to Barcelona**
8. **foreign languages**
9. **strangers/foreigners**
10. **cliches/stereotypes**

B. *Phrases.* Traduisez les phrases suivantes *en anglais*.

1. **This film shows young people's friendships.**
2. **They are getting a higher education degree.**
3. **They are going to college in Barcelona.**
4. **They meet a lot of foreigners there.**
5. **The film shows also several cliches.**

Anglais → français

A. *Mots et expressions.* Traduisez les mots et les expressions suivantes *en français*.

1. **le professeur**
2. **l'étudiant(e)**
3. **le/la colocataire**
4. **le propriétaire**
5. **la petite amie/la petite copine**
6. **le petit ami/le petit copain**
7. **l'université/la faculté**
8. **le programme d'échange**
9. **le pays étranger**
10. **le séjour**

B. *Phrases.* Traduisez les phrases suivantes *en français*.
1. **Nous avons discuté de mon avenir.**
2. **J'ai vu la brochure.**
3. **Je veux aller à l'étranger.**
4. **Mon professeur recommande l'Espagne.**
5. **Je n'y suis pas encore allé.**

C. *Message.* Un étudiant écrit un mot à son ami. Traduisez-le *en français*.

> *…L'Auberge espagnole est un film intéressant. J'ai vu le film avec mes colocataires et nous avons beaucoup ri ! Le film était aussi amusant qu'un de nos amis nous avait dit ! Mes colocataires ont aimé l'intrigue du film. Un jeune homme a quitté sa famille et sa petite amie pour aller étudier à l'étranger. Il a eu quelques problèmes au début de son séjour mais il s'est débrouillé. A la fin du film, il a découvert ce qu'il voulait faire dans la vie. Après le film, mes colocataires et moi avons discuté des difficultés des étudiants et des colocataires. Nous avons aussi discuté de l'Union Européenne et des stéréotypes de différentes nationalités. Je vous recommande de voir ce film*

Compréhension générale

A. Chronologie. Mettez les phrases suivantes en ordre chronologique.

    4
    2
    5
    7
    6
    3
    1

B. *Personnages.* Reliez les descriptions à droite avec *les personnages* à gauche.

    E   1.
    A   2.
    I   3.
    F   4.
    C   5.
    J   6.
    D   7.
    H   8.
    G   9.
    B   10.

C. *Nationalités.* Indiquez les personnages qui représentent les nationalités suivantes.
1. **Bruce**
2. **Wendy, William, Alistair**
3. **Isabelle, sa petite amie (Sabine)**
4. **Lars, son ancienne copine (Anna), son fils**
5. **Soledad, Juan, Neus, M. Cucurull, les habitants de Barcelone, etc.**
6. **Xavier, sa mère, Martine, Jean-Charles, Jean-Michel, Anne-Sophie, etc.**

L'Auberge espagnole   *Cinéphile*

54

D. *Critiques.* Vous êtes critique de films et vous critiquez le film *L'Auberge espagnole*. Ecrivez une seule phrase pour donner une critique pour ou contre le film.
Les réponses varient.

E. *Profil.* Complétez le tableau suivant.

Profil de *L'Auberge espagnole*

Titre :   *L'Auberge espagnole*

Genre :   *Comédie dramatique/romantique*

Année de production :   *2002*

Réalisateur :   *Cédric Klapisch*

Lieu de l'action :   *Paris, France ; Barcelone, Espagne*

3 événements principaux :

     1.   *Xavier quitte la France pour étudier à Barcelone.*

     2.   *Il rencontre des jeunes Européens qui deviennent ses colocataires.*

     3.   *Xavier retourne en France et il décide de ne pas être homme d'affaires.*

5 mots clés :

     1.   *Les jeunes*

     2.   *Les études supérieures*

     3.   *Le voyage*

     4.   *Erasmus*

     5.   *L'Europe / L'Union européenne*

Sommaire (une phrase) : *Un jeune étudiant part faire des études à Barcelone où il rencontre d'autres jeunes en train de faire leurs études avec le programme Erasmus.*

Anecdote : *Les acteurs sont tous de nationalité différente. Il a fallu parler un mélange de français, d'anglais, d'espagnol, etc. pour se comprendre (un peu comme dans le film!).*

Photo

A. **Détails.** Regardez l'image et choisissez les bonnes réponses.
1. **c.** **dans «l'auberge espagnole»**
2. **c.** **C'est une scène vers la fin du film**.
3. **b.** **Bruce**
4. **b.** **Alistair**
5. **a.** **Wendy parle avec Alistair**.

B. **Chronologie.** Mettez les phrases suivantes en ordre chronologique.

1
5
2
7
3
4
6

C. **En général.** Répondez aux questions suivantes. Ecrivez deux ou trois phrases.
1. **Les colocataires se parlent. Wendy vient d'«arriver» et William essaie d'expliquer la situation à Alistair qui vient de le trouver au lit avec Bruce.**
2. **«Catastrophe !» Cette photo montre l'arrivée d'Alistair. Cette arrivée inattendue peut provoquer une situation catastrophique pour Wendy. Malgré une situation précaire, les colocataires arrivent à travailler ensemble pour maintenir la paix.**

D. **Aller plus loin.** Ecrivez un paragraphe pour répondre aux questions suivantes.
1. **La salle de séjour est typique d'un appartement loué par des étudiants. Les tables basses sont pleines des affaires des colocataires, les livres sur les étagères ne sont pas rangés, le canapé est vieux et moche, les murs sont sales, etc. En général, la salle de séjour, comme les autres pièces de l'appartement, est désordonnée et mal entretenue (à part la chambre de Wendy qui est la seule pièce propre).**
2. **Juste avant cette scène, tous les colocataires s'unissent pour avertir Wendy de l'arrivée d'Alistair (elle est dans sa chambre avec Bruce). Alessandro reçoit le coup de téléphone d'Alistair et il téléphone aux autres qui rentrent chez eux. Les colocataires comme les pays de l'Union font tout ce qu'ils peuvent faire pour maintenir la paix et la stabilité.**

Les réponses varient.

Culture

A. Soucis. Donnez quelques exemples pour chaque question d'un étudiant qui part à l'étranger.
1. __les restaurants universitaires, les fast-food, etc.__
2. __le métro, le bus, le train, le taxi, la voiture, etc.__
3. __le travail à mi-temps, les cours particuliers, etc.__
4. __la cité universitaire, la colocation, etc.__
5. __la pharmacie, l'hôpital, les urgences, le SAMU, etc.__
6. __les églises, les temples, les mosquées, les synagogues, etc.__
7. __les musées, les cinémas, les sports, les sorties, etc.__
8. __les repas, le logement, le travail, les devoirs, etc.__

B. Définitions. Reliez *le vocabulaire* ci-dessous avec les définitions qui correspondent.
1. ___le baccalauréat___
2. ___les études___
3. ___l'étudiant___
4. ___l'université___
5. ___la fac___
6. ___universitaire___
7. ___le diplôme___
8. ___la licence___
9. ___la maîtrise___
10. ___le doctorat___

C. Erasmus. Donnez des renseignements sur le programme Erasmus :
1. __1987__
2. __4000__
3. __32__
4. __à peu près 15.000__
5. __2,2 millions__
6. __L'étudiant/e doit être citoyen/ne d'un pays éligible, il doit être en train de faire des études universitaires, il doit avoir fini la première année d'études universitaires et il doit passer un minimum de trois mois dans une université étrangère.__
7. __C'est l'occasion d'étudier à l'étranger, de perfectionner une langue étrangère, de rencontrer des étudiants d'autres pays, et de contribuer au développement d'une Europe unie.__
8. __C'est l'occasion d'enseigner à l'étranger, de perfectionner une langue étrangère, de rencontrer des enseignants d'autres pays et de contribuer au développement d'une Europe unie.__
9. __Créer un espace européen d'enseignement supérieur, promouvoir la mobilité des étudiants en Europe, promouvoir la mobilité des enseignants en Europe et développer des capacités d'adaptation (au niveau personnel, académique et social).__
10. *Les réponses varieront.*

Jeux

A. *Expressions.* Lisez les phrases suivantes et choisissez les réponses qui ont le même sens que les mots soulignés. *Notez bien que ces expressions sont familières et qui elles devraient être utilisées avec discrétion !*

1. a. <u>Elle est hippie.</u>
2. b. <u>Le processus est compliqué et désorganisé</u> !
3. b. <u>Le dossier est perdu</u>.
4. a. <u>Elle est triste et déprimée.</u>
5. b. <u>Il pense que Xavier va beaucoup s'amuser à Barcelone.</u>
6. b. <u>La ville est chouette. C'est une ville où beaucoup de gens aiment faire la fête.</u>
7. b. <u>C'est très gentil de la part de Jean-Michel.</u>
8. a. <u>L'amour est pénible</u>.

B. *Sketchs.* Utilisez les mots et les expressions de l'exercice A pour créer un sketch basé sur une des situations suivantes. Développez votre dialogue et présentez le sketch à vos camarades de classe.
Les réponses varient.

C. *Réinvention.* Choisissez une des scènes suivantes. Regardez la scène plusieurs fois et développez un dialogue qui correspond à la scène. Présentez votre scène à vos camarades de classe.
Les réponses varient.

Les réponses varient.

Chapitre 5
Avant le visionnement

Exercices de vocabulaire

A. *Contraires.* Donnez les contraires des adjectifs suivants.
1. <u>beau / joli</u>
2. <u>jeune</u>
3. <u>propre</u>
4. <u>pauvre</u>
5. <u>bon</u>
6. <u>bête / débile / idiot</u>
7. <u>fragile</u>
8. <u>petit</u>
9. <u>poli</u>
10. <u>relaxe</u>

B. *Caricatures.* Donnez des adjectifs qui décrivent les gens suivants.
1. <u>agressif, costaud, courageux</u>
2. <u>agréable, calme, intelligent, patient, riche</u>
3. <u>courageux, indulgent, patient</u>
4. <u>matérialiste, riche, superficiel</u>
5. <u>bizarre, impolie, moche, pauvre, sale</u>
6. <u>bête, bizarre, débile, idiot, moqueur, rigolo</u>
7. <u>laid, moyen, pauvre, poli</u>
8. <u>agréable, gentille, patiente, propre</u>
9. <u>calme, intelligent, vieux</u>
10. <u>impolie, laide, méchante, sale, vieille</u>

C. *Chronologie.* Mettez les phrases en ordre chronologique.
<u> 4 </u>
<u> 2 </u>
<u> 3 </u>
<u> 5 </u>
<u> 1 </u>

Après avoir regardé

Exercices de vocabulaire

A. *Famille !* Utilisez *le vocabulaire* pour indiquer les liens de parenté entre les personnages suivants.
 1. <u>fiancé</u>
 2. <u>père</u>
 3. <u>arrière arrière arrière-grand-père</u>
 4. <u>cousin</u>
 5. <u>mari</u>
 6. <u>enfants</u>, <u>fils</u>, <u>fille</u>
 7. <u>petite amie / fiancée</u>
 8. <u>arrière arrière arrière-petit-fils</u>
 9. <u>arrière arrière arrière-petit-fils</u>
10. <u>jeune frère</u>

B. *Métiers.* Que font-ils ? Indiquez *les professions* des personnages suivants.
 1. <u>guerrier</u>
 2. <u>domestique</u>
 3. <u>femme au foyer</u>
 4. <u>dentiste</u>
 5. <u>propriétaire / hôtelier</u>
 6. <u>magicien</u>
 7. <u>clocharde</u>
 8. <u>banquier</u>
 9. <u>docteur / médecin</u>
10. <u>roi</u>

Grammaire

5.1 – L'adjectif qualificatif : formes et place

A. *Le féminin.* Donnez les formes féminines des adjectifs suivants.
 1. <u>superficielle</u>
 2. <u>moyenne</u>
 3. <u>jolie</u>
 4. <u>agressive</u>
 5. <u>mauvaise</u>
 6. <u>gentille</u>
 7. <u>courageuse</u>
 8. <u>bonne</u>
 9. <u>bizarre</u>
10. <u>tendue</u>

B. *Le pluriel.* Donnez les formes plurielles des adjectifs suivants.
 1. <u>pauvres</u>
 2. <u>courageux</u>
 3. <u>impolis</u>
 4. <u>relaxes</u>
 5. <u>géniaux</u>
 6. <u>vieux</u>
 7. <u>fragiles</u>
 8. <u>fous</u>
 9. <u>laids</u>
10. <u>nouveaux</u>

C. *L'accord.* Complétez l'email suivant avec les formes correctes des adjectifs entre parenthèses.

de : jeanluc@lasorbonne.edu
à : jeanpaul@universitédenice.edu
sujet : Françoise

Salut Jean-Paul !

Ma ___**nouvelle**___ (nouveau) ___**petite**___ (petit) amie est ___**géniale**___ (génial) ! Elle a les cheveux ___**longs**___ (long) et ___**blonds**___ (blond) et de ___**beaux**___ (beau) yeux ___**bleus**___ (bleu). Elle n'est pas ___**grande**___ (grand) ; elle est de taille ___**moyenne**___ (moyen). Elle est ___**relaxe**___ (relaxe) et ___**moqueuse**___ (moqueur), mais pas ___**méchante**___ (méchant). C'est une ___**étudiante**___ (étudiant) ___**sérieuse**___ (sérieux) et ___**travailleuse**___ (travailleur). En fait, c'est la femme ___**idéale**___ (idéal) parce qu'elle est aussi ___**sportive**___ (sportif). Et ta ___**petite**___ (petit) amie. Comment est-elle ?

Réponds-moi vite ! Jean-Luc

D. *Comment sont-ils ?* Complétez les phrases suivantes avec ***des adjectifs*** qui décrivent les personnages du film.
1. **agressif, méchant**
2. **idiot, rigolo**
3. **agréable, sympathique, polie**
4. **précieux, snob**
5. **folle, gênante**
6. **relaxe, gentil**
7. **vieux, sénile**
8. **laide, méchante**
9. **tendu, courageux**
10. **indulgent, patient**

E. *Traduction.* Traduisez les phrases suivantes. Utilisez ***les adjectifs qualificatifs.*** Attention à la place des adjectifs et à l'emploi de *c'est et il est.*
1. **Frénégonde est la fiancée de Godefroy. C'est une jolie femme mais elle est un peu agaçante !**
2. **Godefroy ? C'est l'arrière arrière-grand-père de Béatrice. C'est un guerrier (il est guerrier).**
3. **Béatrice ? C'est une gentille femme et elle est très patiente.**
4. **Jean-Pierre est le mari de Béatrice. Il est dentiste. Il est BCBG et c'est un snob !**
5. **Jacquart est un homme petit. Il a certains problèmes. Son premier problème ? Il est prétentieux.**

5.2 - Le comparatif et le superlatif des adjectifs, des noms et des adverbes

A. *Comparaisons.* Utilisez **le comparatif** pour comparer les personnages suivants.
1. <u>plus</u>   <u>courageux</u>   <u>que</u>
2. <u>plus</u>   <u>riche</u>   <u>que</u>
3. <u>aussi</u>   <u>idiot</u>   <u>que</u>
4. <u>plus</u>   <u>propre</u>   <u>que</u>
5. <u>plus</u>   <u>superficiel</u>   <u>que</u>
6. <u>aussi</u>   <u>laid</u>   <u>que</u>
7. <u>moins</u>   <u>snob</u>   <u>que</u>
8. <u>plus</u>   <u>indulgente</u>   <u>que</u>
9. <u>plus</u>   <u>jolie</u>   <u>que</u>
10. <u>aussi</u>   <u>gentille</u>   <u>que</u>

B. *Contraires.* Etudiez le tableau suivant. Puis utilisez **le comparatif** et **le superlatif** pour écrire un paragraphe qui compare une clocharde et une BCBG. Pensez à Ginette et à Béatrice pour faire votre comparaison !

	une clocharde	une BCBG
Physiquement	laide, mince, pauvre, sale	jolie, mince, propre, riche
Moralement	agressive, bizarre, créative, impolie	agréable, calme, gentille, intelligente
Vêtements	bizarres, démodés, sales, vieux	à la mode, banals, propres, neufs
Domicile	? - une caravane, une tente, la rue	une maison ou un appartement chic
Profession	? - pas d'emploi	avocate, femme au foyer, etc.
Autre	pas mariée, beaucoup de petits amis	mariée avec un homme BCBG

En général, les clochardes sont … **moins jolies mais aussi minces que les femmes BCBG. Les clochardes sont plus agressives et moins polies que les BCBG. Elles sont moins intelligentes et moins calmes que les BCBG mais, les BCBG sont souvent moins créatives que les clochardes. Les BCBG portent des vêtements plus propres et plus à la mode. Les domiciles des BCBG sont plus chics et plus confortables que les domiciles des clochardes. Les clochardes n'ont pas de travail alors que les BCBG ont un travail intéressant ou restent à la maison avec la famille. Finalement, les BCBG ont le mari le plus riche ! En gros, la vie des clochardes est plus dure que la vie des BCBG.**

C. *Ville ou campagne ?* Qu'est-ce que vous préférez ? Complétez le tableau suivant avec **les adjectifs et les noms** qui décrivent les avantages et les inconvénients de la vie en ville et de la vie à la campagne. Puis, utilisez **le comparatif** et **le superlatif** pour écrire un paragraphe qui résume vos préférences.

	avantages	inconvénients
Ville	les magasins, les activités culturelles et sociales, les transports, les gens, l'éducation	le manque d'espace et de paysage, les gens, le bruit, la pollution, l'insécurité et la violence
Campagne	l'espace, le paysage, la tranquillité, la sécurité, la qualité de l'air	l'isolement, le manque d'activités et de gens, l'éducation

Je préfère la vie … **en ville. On peut facilement rencontrer des gens du monde entier. Il y a plus de musées, de films, de concerts, etc. qu'à la campagne. A la campagne il y a moins de magasins, de cinémas, de restaurants, d'activités culturelles et sociales, etc. qu'en ville. Il n'y a pas de transports en commun non plus. Malgré les inconvénients (la violence, le bruit et la pollution), je préfère vivre en ville.**

5.3 – Les verbes pronominaux
Et les pronoms compléments d'objet direct

A. *Camarades.* Complétez l'email suivant avec les formes correctes *des verbes pronominaux* entre parenthèses.

```
de :       Marthe@wanadoo.fr
à :        Mathilde@club-internet.fr
sujet :    Camarades de chambre
```

Bonjour Marthe !

Je _____**me présente**_____ (se présenter). Je _____**m'appelle**_____ (s'appeler) Mathilde.

Voilà une journée typique chez moi : Le matin, je _____**me lève**_____ (se lever) à 7h. Mon frère _____**se réveille**_____ (se réveiller) tard, alors je _____**me lave**_____ (se laver) la première. Je _____**m'habille**_____ (s'habiller) et _____**me brosse**_____ (se brosser) les dents. Puis, mes parents _____**se préparent**_____ (se préparer) pour aller au travail. Après le petit déjeuner, nous _____**nous en allons**_____ (s'en aller). Nous passons la journée à l'école. Après les cours, nous _____**nous promenons**_____ (se promener) dans la forêt près de chez nous. Quelquefois, nous _____**nous trompons**_____ (se tromper) de chemin, mais en général, nous _____**nous débrouillons**_____ (se débrouiller) bien. Nous rentrons à la maison et nous dînons. Ensuite, je _____**me repose**_____ (se reposer) devant la télé. Finalement, je _____**me couche**_____ (se coucher) vers 11h. Et toi ? Quelle est ta routine quotidienne ? Comment est-ce que tu _____**t'amuses**_____ (s'amuser) ? Raconte-moi tout !

A très bientôt, Mathilde

B. *Hier.* Qu'est-ce que Jacqueline a fait hier ? Complétez les phrases suivantes avec *le passé composé* des verbes entre parenthèses. Attention à l'accord du participe passé.
1. **s'est réveillée** 2. **s'est levée** 3. **s'est douchée** 4. **s'est séchée** 5. **s'est séché** 6. **se les est séchés**
7. **s'est maquillée** 8. **se les est lavées** 9. **s'est mise** 10. **ne s'est pas annuyée** 11. **s'est promenée**
12. **s'est préparée** 13. **s'est lavé** 14. **s'est lavé** 15. **s'est déshabillée** 16. **s'est couchée**

5.4 – L'impératif
Et les pronoms réfléchis et
les pronoms compléments d'objet direct

A. *Comportement.* Comment est-ce qu'il faut se comporter ? Donnez des suggestions pour exprimer comment il faut et il ne faut pas se comporter. Utilisez *l'impératif*, *les pronoms réfléchis* et *les pronoms compléments d'objet direct*.

	A l'affirmatif	*Au négatif*
1.	**Regarde-le !**	**Ne le regarde pas !**
2.	**Allons au cinéma !**	**N'allons pas au cinéma !**
3.	**Calmez-vous !**	**Ne vous calmez pas !**
4.	**Lave-toi !**	**Ne te lave pas !**
5.	**Volons-les !**	**Ne les volons pas !**
6.	**Mettez-vous à table !**	**Ne vous mettez pas à table !**

7. **Brosse-les-toi !**　　　　　　**Ne te les brosse pas !**
8. **Ayons raison !**　　　　　　　**N'ayons pas raison !**
9. **Sois gentil !**　　　　　　　　**Ne sois pas gentil !**
10. **Faites attention !**　　　　　　**Ne faites pas attention !**

B. *Ah Jacquouille !* Jacquouille agace Jean-Pierre. Imaginez les ordres et les suggestions de Jean-Pierre. Utilisez *l'impératif.*

　　　　　　　　A l'affirmatif　　　　　　　　*Au négatif*
1. **Faites attention !**　　　　　　　**Ne m'agacez pas !**
2. **Arrêtez de faire ça !**　　　　　　**Ne laissez pas tomber les assiettes !**
3. **Lavez-vous maintenant !**　　　　　**Ne mangez pas la soupe !**
4. **Mettez-vous à table avec nous !**　　**Ne sonnez pas votre corne !**
5. **Couchez-vous tôt !**　　　　　　　**Ne soyez pas idiot !**

C. *Dîner.* Vous avez un grand dîner chez vous. Un/e invité/e vous aide mais elle est un peu tyrannique. Inventez votre dialogue. Utilisez *l'impératif.*

Exemple :　　Votre invité/e :　　*Ne mettez pas encore le couvert ! Allez plutôt cherchez les assiettes !*
　　　　　　　Vous :　　　　　　*On est chez qui alors ?*
　　　　　　　Votre invité/e :　　*Soyez gentil/le ! Je vous aide !*

5.5 – Les expressions verbales : avoir, devoir, pouvoir, vouloir

A. *Expressions.* Complétez les phrases suivantes avec *les expressions avec avoir* qui conviennent.
1. **j'ai peur**
2. **avons faim**
3. **a honte**
4. **as soif**
5. **ont mal**
6. **avez # ans**
7. **j'ai mal au cœur**
8. **a mal**
9. **avez l'air**
10. **j'ai envie**

B. *De l'aide ?* Godefroy a besoin d'aide et il convainc Béatrice de l'aider. Complétez leur dialogue avec *les verbes avoir, devoir, pouvoir* et *vouloir* qui conviennent.
Béatrice : **veux**, **ai**, **peux**
Godefroy : **devez**
Béatrice : **peut**, **peuvent**
Godefroy : **pouvez**, **a**, **dois**
Béatrice : **peux**, **peut**
Godefroy : **devez**, **Voulez**
Béatrice : **veux**

C. *A sa place.* Imaginez que vous êtes Béatrice. Comment réagissez-vous quand vous rencontrez votre arrière arrière-grand-père ? Complétez les phrases suivantes pour expliquez ce que vous feriez à sa place. Utilisez *les expressions avec avoir, devoir, pouvoir* et *vouloir* qui conviennent.
Les réponses varient.

5.6 – Le présent du subjonctif

A. *Subjonctif.* Donnez les radicaux *du subjonctif* qui correspondent aux infinitifs suivants.

1. **aill-/all-**
2. **appell-/appel-**
3. **attend-**
4. **irrégulier**
5. **choisiss-**
6. **connaiss-**
7. **cour-**
8. **doiv-/dev-**
9. **essai-/essay-**
10. **irrégulier**
11. **fass-**
13. **faill-**
13. **meur-/mour-**
14. **parl-**
15. **puiss-**
16. **recoiv-/recev-**
17. **revienn-/reven-**
18. **ri-**
19. **sach-**
20. **sort-**
21. **suiv-**
22. **vaill-/val-**
23. **viv-**
24. **veuill-/voul-**

B. *De l'aide.* Béatrice, Jean-Pierre et Godefroy se parlent. Complétez leur dialogue avec *le subjonctif* des verbes entre parenthèses.

Béatrice : **soyez**
Godefroy : **trouve, puissiez**
Jean-Pierre : **vous en alliez, partiez**
Béatrice : **sois, aidions**
Godefroy : **aille**

C. *20ᵉ siècle.* Jacquouille découvre le 20ᵉ siècle avec Ginette. Complétez leur dialogue avec *le subjonctif,* *l'indicatif* ou *l'infinitif* des verbes entre parenthèses.

Jacquoille : **est, partir**
Ginette : **partes, rester, fasses**
Jacquoille : **chercher, mette, croie, pars**
Ginette : **soit**
Jacquoille : **droguer, pourra, ait, ailles, peux**
Ginette : **aider**

D. *Voyages.* Vous faites un voyage. Votre agent de voyages veut quelques renseignements sur vos préférences. Complétez le formulaire suivant. Puis, écrivez un paragraphe pour résumer vos préférences. Utilisez **le subjonctif**, *l'indicatif* ou *l'infinitif.*

Vous voyagez...

□ rarement	● **souvent**	□ beaucoup	□ autre
□ en automne	□ en hiver	□ au printemps	● **en été**
□ 2 - 3 jours	□ une semaine	● **plusieurs semaines**	□ autre
□ seul/e	● **avec des amis**	□ avec votre famille	□ autre
□ près de chez vous	□ loin de chez vous	● **à l'étranger**	□ autre
● **dans les grandes villes**	□ dans les villages	□ à la campagne	□ autre
● **pour vous amuser**	● **pour étudier**	□ pour travailler	□ autre

Vous logez...

● **dans un hôtel bon marché**	□ dans un hôtel de luxe	● **dans une auberge**	
□ dans un château	□ sous une tente	□ dans une caravane	□ autre
□ chez des amis	□ chez votre famille	□ autre	

Vous préférez...

● **les climats chauds**	□ les climats froids	□ les climats tropicaux	□ autre
● **les activités touristiques**	● **les activités reposantes**	● **les aventures**	□ autre

---

*En général, j'aime **voyager en été**. Cet été, il faut que j'aille en France et que je trouve un hôtel bon marché...*

Traduction

Français → anglais

A. *Mots et expressions.* Traduisez les mots et les expressions suivantes *en anglais*.
1. **to wash oneself**
2. **to wash one's hands**
3. **to wash the car**
4. **to love someone**
5. **to love each other (or oneself)**
6. **calmer than**
7. **less brave than**
8. **better than**
9. **the best**
10. **as much patience as**

B. *Phrases.* Traduisez les phrases suivantes *en anglais*.
1. **I want you to help me !**
2. **I really need your help !**
3. **Don't move !**
4. **I repeat : you must not move.**
5. **I am happy you are behaving !**

A. Mots et expressions. Traduisez les mots et les expressions suivantes *en français*.

1. le chevalier le plus courageux
2. la plus gentille femme
3. l'homme le plus tendu
4. une drôle de femme / une femme bizarre
5. une histoire drôle
6. vouloir aider
7. pouvoir aider
8. devoir aider
9. avoir besoin d'aider
10. avoir envie d'aider

B. Phrases. Traduisez les phrases suivantes *en français*.

1. C'est l'homme le plus courageux de l'histoire.
2. Sa fiancée et lui s'aiment.
3. Il rencontre des drôles de gens.
4. Ils veulent aider l'homme.
5. Il est content qu'ils veuillent l'aider.

C. Couloir du temps. Jacquouille écrit une lettre à Godefroy. Traduisez-le *en français*.

> *Cher Godefroy,*
>
> *Je sais que vous êtes le chevalier le plus courageux de notre royaume et que je suis votre pauvre domestique. Il faut que j'aille dans le couloir du temps avec vous mais je ne peux pas. Je dois rester au 20ᵉ siècle avec Ginette, la plus belle femme du monde, parce que nous allons nous marier. J'envoie donc mon descendant Jacquart. Il va se réveiller au 12ᵉ siècle et il ne va pas être content d'avoir fait ce voyage. Soyez gentil avec lui ! J'espère qu'on se verra à l'avenir ! Votre fidèle domestique, Jacquouille.*

Compréhension générale

A. Chronologie. Mettez les phrases suivantes en ordre chronologique.

3	
7	
2	
4	
6	
8	
1	
9	
5	

B. *Caricatures.* Reliez les qualités et les défauts suivants aux personnages du film.

<u>b, l, p</u> 1.
<u>a, f, m</u> 2.
<u>b, i, n</u> 3.
<u>e, g, t</u> 4.
<u>c, i, k</u> 5.
<u>k, s</u> 6.
<u>d, o, q</u> 7.
<u>d, q, p</u> 8.
<u>i, t</u> 9.
<u>k, s, t</u> 10.

C. *Malentendus ?* Cochez les noms qui correspondent aux malentendus des *Visiteurs*.

<u>__x__</u> les voitures   <u>__x__</u> les vêtements   <u>__x__</u> les avions

<u>__x__</u> l'hygiène   <u>__x__</u> les téléphones   <u>__x__</u> la pollution   <u>__x__</u> l'électricité

<u>__x__</u> la nourriture   <u>__x__</u> les routes

<u>__x__</u> les sonnettes   <u>__x__</u> le dentifrice   <u>__x__</u> les médicaments

<u>__x__</u> la radio   <u>__x__</u> les trains

D. *Questions à choix multiples.* Choisissez la bonne réponse.

1. **c. le père de Frénégonde**
2. **a. le magicien**
3. **b. les œufs de caille**
4. **c. un Sarrasin**
5. **b. les steaks**
6. **c. une corne**
7. **a. cousin Hubert**
8. **a. dans le donjon**
9. **c. Jacquart**
10. **b. 1076**

D. *Profil.* Complétez le tableau suivant.

Profil des *Visiteurs*

Titre :   *Les Visiteurs*

Genre :   *Comédie médiévalo-fantastique*

Année de production :   *1992*

Réalisateur :   *Jean-Marie Poiré*

Lieu de l'action :   *La France – 20ᵉ siècle*

3 événements principaux :

    1.   *Godefroy tue le père de sa fiancée.*

    2.   *Godefroy et Jacquouille se retrouvent au 20ᵉ siècle.*

    3.   *L'arrière petite-fille de Godefroy l'aide à trouver un moyen de retourner au 12ᵉ siècle.*

5 mots clés :

    1.   *Les visiteurs*

    2.   *Le voyage*

    3.   *La famille*

    4.   *Les malentendus*

    5.   *Le Moyen Age / le 20ᵉ siècle*

Sommaire (une phrase) : *Après une série de gaffes, le comte de Montmirail se retrouve au 20ᵉ siècle où il rencontre une descendante qui l'aide à retourner au 12ᵉ siècle.*

Anecdote : *Valérie Lemercier a reçu le César du Meilleur second rôle féminin en 1994 pour sa double-interprétation de Béatrice et de Frénégonde.*

A. Détails. Regardez l'image et cochez les bonnes réponses.

1. Situation dans le film : ☐ début   ● **milieu**   ☐ fin   ☐ autre
2. Epoque : ☐ 12e siècle   ● **20e siècle**   ☐ autre
3. Lieu : ☐ la campagne   ● **ville**   ☐ autre
   ☐ le château   ● **la maison**   ☐ autre
   ☐ le cabinet de toilette   ☐ la salle à manger   ● **la salle de bains**
4. Personnages : **Godefroy, Jacquouille**
5. Titre : **Lavons-nous !**

B. En général. Répondez aux questions suivantes. Ecrivez deux ou trois phrases.

1. **Il y a les deux personnages principaux, Godefroy et Jacquouille. Godefroy se lave (il prend un bain). Jacquouille l'aide à se laver. Il verse des sels de bains dans la baignoire. Godefroy sent le parfum Chanel N° 5.**
2. <u>**content**</u>**, aime aider (être au service de) Godefroy. Il aime aussi que Godefroy soit content. En plus, il aime les savons, les sels de bains et le parfum. Pour lui, c'est un jeu, une nouvelle expérience et il aime découvrir de nouvelles choses.**
3. <u>**content aussi**</u>**, découvre les plaisirs de se baigner et de sentir bon. Cette expérience lui plaît énormément !**
4. **La salle de bain est très grande et très propre. Tout dans la salle de bain est blanc (un signe de propreté). Ceci est en contraste avec les Visiteurs qui sont extrêmement sales et l'eau qui est tout à fait noire. Il y a beaucoup de savons, de sels de bains, de produits hygiéniques et de décorations (les canards).**
5. **D'abord, Jacquouille est dans la salle de bain avec Godefroy. Il l'aide à se laver. Au 20e siècle, on se lave seul. Puis, Godefroy ne se déshabille pas avant de se laver. Il porte toujours ses sous-vêtements. Finalement, l'eau est noire parce que Jacquouille verse tous les savons et tous les sels de bains dans la baignoire et que Godefroy est très très sale !**

C. Aller plus loin. Ecrivez un paragraphe pour répondre aux questions suivantes.

1. **Avant cette scène Jean-Pierre dit aux Visiteurs qu'il faut se laver. Il leur dit qu'il faut bien insister sur les pieds parce que leurs pieds sentent très mauvais («C'est une infection !») !**
   Pendant cette scène Godefroy se baigne et Godefroy et Jacquouille découvrent l'hygiène du 20e siècle. Il y a l'eau courante et chaude, les savons, les sels de bains et le savon !
   Après cette scène Godefroy sort de la baignoire et va au salon pour se sécher devant la cheminée. Il donne la bouteille vide de Chanel N° 5 à Béatrice. Jean-Pierre panique parce

que le parfum coûte 6.000 Francs. Puis, Jacquouille prend un bain. Il se lave dans la même eau que Godefroy. Jacquouille chante et Jean-Pierre crie qu'il faut garder l'eau (afin de garder le parfum). Mais, il voit l'eau sale et il panique de nouveau.

2. Jacquouille ne comprend pas les savons, les sels de bains, etc. et il verse tous les produits hygiéniques dans la baignoire. Godefroy ne comprend pas non plus. Il sent le parfum et plus tard il se sert de la bouteille entière. Ce malentendu est représentatif d'autres malentendus du film. Par exemple, Jacquouille mange le plastique qui emballe son sandwich et il fait cuire le gigot dans le plastique. Ces malentendus se rapportent au thème de la propreté / de l'hygiène du 20ᵉ siècle : il faut tout emballer et il faut utiliser des produits chimiques pour se laver et pour nettoyer.

3. Le personnage à gauche
    Le personnage à gauche (Jacquouille) est très content de verser les savons et les sels de bains. Mais, il a un peu peur. Il se dit : «Oh là là ! Je ne veux pas me laver ! Ça puire ! Ça sent le poison ! Ce n'est pas normal ! Ça va me tuer ! J'ai pris un bain dans la rivière il y a deux mois. Ça suffit quand même ! Ben… attends ! Peut-être que ça va être génial ? Godefroy vit toujours ! Je vais essayer quand même !»
    Le personnage à droite
    Le personnage à droite, Godefroy, est très content de se laver. Il se dit : «C'est chouette ! J'ai de l'eau chaude, des savons, du parfum, etc. Et ce parfum sent bon ! Je l'adore ! Prendre un bain fait du bien ! Jacquouille doit se laver ! Il va l'adorer aussi !»

4. Je me dis : «C'est un peu bizarre. Ils sont tous les deux dans la salle de bain et ils chantent et ils rient. Qu'est-ce qu'ils font ? Mais je suis très content quand même! Ils se lavent et ils vont sentir meilleur ! Mais quel gaspillage ! Le savon, les sels de bains, et surtout le parfum coûtent très cher ! Et la salle de bain est vraiment très sale maintenant. Il y a de l'eau partout et la baignoire est noire. Avoir des *visiteurs* n'est pas du tout facile !»

5. Cette scène n'est pas importante à l'intrigue du film. Sans cette scène l'histoire ne change pas. En revanche, en ce qui concerne les malentendus et les thèmes du film, cette scène est très importante. L'hygiène est un grand thème du film. Tout d'abord, les *Visiteurs* sentent mauvais. Puis, ils se lavent les mains dans les toilettes et ils ne ferment pas les robinets. A la fin du film, Jacquouille découvre le dentifrice. Bref, cette scène est la scène la plus représentative du thème de l'hygiène. En plus, c'est une des scènes les plus comiques et les plus inoubliables du film.

Lecture

Les réponses varient.

Culture

A. Language. Remplacez les mots soulignés avec des expressions familières du film.
1. **étrange**, **voiture**, **très peur**
   C'est bizarre ! Je roule dans cette bagnole et j'ai mal au cœur. J'ai aussi la trouille !
2. **Il n'y a pas de problème ?** **très**
   C'est okay ? Je ne suis pas d'accord. Ça fait hyper mal !
3. **propriétaire**, **hystérique**, **sent mauvais**, **drôle**
   Le proprio est un peu hystéro mais il est vrai que ça puire ! C'est dingue !

B. 20ᵉ siècle. Godefroy et Jacquouille remarquent beaucoup de différences entre le 12ᵉ et le 20ᵉ siècles. Citez quelques exemples des différences pour chaque rubrique.
1. **Il n'y a plus de forêt et il y a beaucoup de pollution au 20ᵉ siècle.**
2. **On a l'électricité, le téléphone, la radio, etc. au 20ᵉ siècle.**
3. **On voit un avion, un train et des voitures au cours du film.**
4. **On a une salle de bain, un cabinet de toilette, etc. au 20ᵉ siècle.**
5. **On entend la radio au début du film. C'est du rock.**
6. **La nourriture du 20ᵉ siècle est plus légère, moins copieuse, surgelée, etc.**
7. **On ne porte plus d'armure, les vêtements sont plus souples, etc.**
8. **On voit plus d'égalité entre les classes sociales du 20ᵉ siècle.**

C. Vrai ou faux ? Lisez les phrases suivantes et déterminez si elles sont vraies ou fausses. Expliquez votre choix.
1. **vrai**
2. **faux**
3. **vrai**
4. **vrai**
5. **faux**
6. **vrai**
7. **vrai**
8. **faux**
9. **vrai**
10. **vrai**

Jeux

A. Catastrophe ! Les terminaisons de ces adjectifs sont mélangées. Récrivez les adjectifs avec les bonnes terminaisons.
1. **agressif**
2. **costaud**
3. **tendu**
4. **superficiel**
5. **gentil**
6. **matérialiste**
7. **nouveau**
8. **mauvais**
9. **agaçant**
10. **bizarre**

B. *Mots cachés.* Trouvez les mots cachés ! Indice : Les mots se trouvent dans tous les sens.

Mots à trouver...

BCBG
BIZARRE
CATASTROPHE
CHATEAU
CHEVALIER
CLOCHARDE
DENTISTE
DESCENDANT
DINGUE
FACTEUR
MAGICIEN
OKAY
PRETRE
RICHE
ROI
SNOB
SORCIERE
TENDU
TOILETTE
VISITEURS

	D									U	D	N	E	T
C	E	E		T	O	I	L	E	T	T	E			
A	H		S		E	R	T	E	R	P	D			
T	C			C	H	E	V	A	L	I	E	R		
A	I			E			B			N				
S	R	S		F		N			O		T		V	C
T	O			A		D			N	I	I			L
R	R				C		A			S				O
O	B	C	B	G			T		N	I	T			C
P	D	I	N	G	U	E		E	T	T	E			H
H	E	Y					E	U						A
E	R	R	A	Z	I	B	U	I	O	R				R
	E	K		R										D
	O		S		U	A	E	T	A	H	C	E		
	N	E	I	C	I	G	A	M						

C. *Qui dit ça ?* Choisissez les personnages qui énoncent les expressions suivantes.
1. **Béatrice   Jacquouille   Godefroy**
2. **Eusaebius**
3. **Jacquouille**
4. **Jacquart**
5. **Godefroy**
6. **l'enfant**
7. **Godefroy**
8. **Jacquouille**
9. **Béatrice**
10. **Jean-Pierre**
11. **Béatrice**
12. **Godefroy**
13. **Jacquouille**
14. **Godefroy**
15. **Godefroy**

D. *Scènes.* Réinventez les scènes suivantes ! Utilisez les expressions de l'exercice C pour écrire votre dialogue. Jouez le dialogue pour vos camarades de classe.
Les réponses varient.

Composition

Les réponses varient.

Chapitre 6

Avant le visionnement

Exercices de vocabulaire

A. *Secrétaire.* Un employeur va embaucher un/e nouveau/nouvelle secrétaire. Quelles qualités et quelles compétences recherche-t-il ? Cochez les réponses logiques.

Qualités		
● l'organisation	☐ la dépendance	● la prise d'initiative
☐ l'impatience	● l'esprit d'analyse	☐ la jalousie
● la discrétion	● l'innovation	● la diplomatie
● le dynamisme	● la disponibilité	● l'autonomie
☐ la timidité	● la créativité	☐ la paresse

Compétences	
● la maîtrise du téléphone	● la maîtrise du traitement de texte/du tableur
● la maîtrise des techniques d'organisation	● la maîtrise des techniques de gestion
☐ la maîtrise des techniques de manipulation	☐ l'indifférence aux activités de service
● une bonne expression écrite/orale	☐ des capacités irrationnelles

B. *Votrebureau.com.* Vous développez un site web pour votre entreprise. Reliez le vocabulaire ci-dessous avec la rubrique logique.
Les réponses varient.

C. *Chronologie.* Mettez les phrases suivantes en ordre chronologique.

<u> 4 </u>
<u> 1 </u>
<u> 5 </u>
<u> 3 </u>
<u> 7 </u>
<u> 2 </u>
<u> 6 </u>

Après avoir regardé

Exercices de vocabulaire

A. *Les personnages.* Comment sont les personnages du film ? Utilisez *les adjectifs* suivants pour les décrire. Ajoutez d'autres adjectifs !

1. **renfermée, sensible, sérieuse, timide**
2. **endurci, réservé, solitaire**
3. **bizarre, fou, gentil**
4. **autoritaire, confiant, distant**
5. **impulsif, insensible, malhonnête**
6. **égoïste, stressé, tendu**
7. **agressifs, dangereux, violents**

B. *Les métiers.* Voilà quelques métiers présentés dans le film. Reliez *le métier* ci-dessous avec la définition qui convient.

1.   **un secrétaire**
2.   **un assistant**
3.   **un employé**
4.   **un cadre**
5.   **un directeur**
6.   **un chef**
7.   **un patron**
8.   **un barman**
9.   **un voleur**
10.   **un voyou**

C. *L'hiérarchie.* Complétez les schémas ci-dessous avec les métiers des personnages du film.

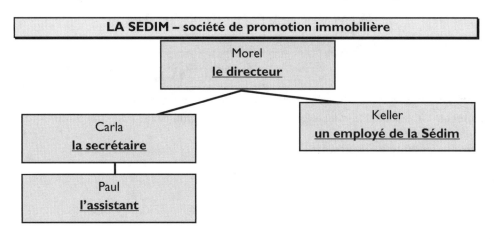

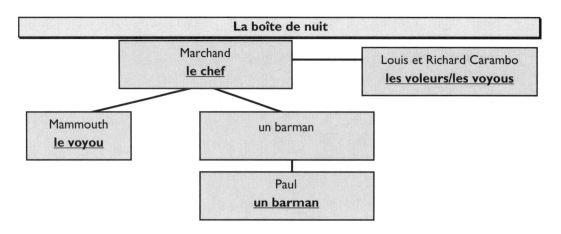

Grammaire

6.1 – Les prépositions avec certains verbes

A. *Prépositions.* Donnez *les prépositions* qui correspondent aux infinitifs suivants (si cela est nécessaire).

1. Ø
2. **de**
3. Ø
4. **à / de**
5. **à**
6. **de**
7. Ø
8. **à / de**
9. **de**
10. **à**
11. **à / de**
12. **de**
13. **à / de**
14. Ø
15. **à**

B. *Embauché !* Complétez le passage suivant avec *les prépositions* qui conviennent (si cela est nécessaire).

<u>**a**</u>, <u>**d'**</u>, ∅

<u>**de**</u>, ∅, ∅

<u>**d'**</u>, ∅, ∅, <u>à</u>, <u>à</u>, <u>à</u>, ∅

C. *Carla et Paul.* Ecrivez des phrases avec les éléments donnés. Faites les changements nécessaires et ajoutez *les prépositions* qui conviennent.

1. <u>**Carla est sourde mais ce n'est pas facile à voir.**</u>
2. <u>**Il est difficile de travailler avec eux.**</u>
3. <u>**Carla est donc heureuse d'embaucher Paul.**</u>
4. <u>**Paul est soulagé d'avoir trouvé un emploi.**</u>
5. <u>**Tous les deux, ils sont contents de travailler ensemble.**</u>

6.2 – Les pronoms disjoints

A. *Le travail.* Répondez aux questions suivantes. Utilisez *les pronoms disjoints.*

1. <u>**Non, il ne peut pas faire son travail au bureau lui-même.**</u>
2. <u>**Non, elle non plus. Elle ne peut pas faire son travail au bureau elle-même.**</u>
3. <u>**Oui, ils peuvent faire leur travail au bureau eux-mêmes.**</u>
4. <u>**Oui, je peux faire mon travail moi-même.**</u>
5. <u>**Non, ils ne peuvent pas faire leur travail eux-mêmes.**</u>
6. <u>**Non, elles ne peuvent pas faire leur travail elles-mêmes.**</u>

B. *Conversation rêvée.* Carla va voir Paul à la boîte de nuit. Elle se prépare et elle imagine sa conversation avec Paul. Complétez le dialogue suivant avec *les pronoms disjoints* logiques.

Paul : <u>toi</u>

Carla : <u>moi</u>, <u>toi</u>

Paul : <u>toi</u>, <u>elles</u>

Carla : <u>Moi</u>

Paul : <u>moi</u>, <u>toi</u>, <u>lui</u>

Carla : <u>eux</u>

Paul : <u>eux</u>

Carla : <u>eux</u>, <u>moi</u>

Paul : <u>toi</u>, <u>moi</u>

Carla : <u>Nous</u>, <u>moi</u>

Paul : <u>toi</u>

6.3 – Les pronoms compléments d'objets direct et indirect

A. *Chef.* Carla embauche Paul et elle lui dit ce qu'il faut faire au bureau. Transformez ses phrases en ordres. Utilisez *l'impératif* et *les pronoms compléments d'objet direct* qui conviennent.

1. **Venez me chercher si vous avez des questions.**
2. **toutes vos questions**
   Posez-les !
3. **cette chemise. la cravate**
   Prenez-la. Portez-la aussi.
4. **mes collègues.**
   Ignorez-les.
5. **votre ticket restaurant.**
   Utilisez-le.

B. *A Paul.* Paul est le chef et Carla est l'assistante. Il lui explique ce qu'il faut faire. Transformez ses phrases en ordres. Utilisez *l'impératif* et *les pronoms compléments d'objet indirect* qui conviennent.

1. **Parle-moi de ce qui se passe là-bas.**
2. **Téléphone-lui si les hommes partent.**
3. **Souris-leur s'ils te voient.**
4. **Dis-leur que tu attends un ami s'ils te parlent.**
5. **Si je ne reviens pas, envoie-lui tes notes.**

C. *Quel pronom ?* Indiquez si l'objet est *direct* (od) ou *indirect* (oi) et indiquez le pronom qu'il faut utiliser. Puis, récrivez la phrase avec *le pronom* qui convient.

1.	**od – la**	Carla fait **sa toilette**.	**Carla la fait.**
2.	**od – le**	Carla étudie **son visage**.	**Carla l'étudie.**
3.	**oi – leur**	Au bureau, Carla téléphone **aux clients**.	**Carla leur téléphone.**
4.	**od – le**	Elle prépare **le dossier des Flérets**.	**Carla le prépare.**
5.	**od – les**	Elle regarde **ses magazines** à la cantine.	**Carla les regarde à la cantine.**
6.	**od – les**	Carla observe **ses collègues**.	**Carla les observe.**
7.	**oi – lui**	Ils ne parlent pas à **Carla**.	**Ils ne lui parlent pas.**
8.	**od – le**	Carla rencontre **Paul**.	**Carla le rencontre.**
9.	**oi – lui**	Elle ressemble à **Paul**.	**Carla lui ressemble.**
10.	**od – les**	Ils partagent **les mêmes qualités**.	**Ils les partagent.**

6.4 – Les pronoms y et en

A. *Le pronom y.* Répondez aux questions suivantes. Utilisez *le pronom y* dans votre réponse.

1. **Oui, elle y travaille depuis trois ans.**
2. **Non, elle n'aime pas y travailler.**
3. **Non, il n'y a jamais travaillé.**
4. **Non, il n'y a pas invité Carla pour s'amuser.**
5. **Oui, Carla va y trouver l'argent.**

B. *Le pronom en.* Répondez aux questions suivantes. Utilisez *le pronom en* dans votre réponse.
1. **Non, elle n'en a pas beaucoup au bureau.**
2. **Non, elle ne voulait pas en embaucher un.**
3. **Oui, il vient d'en sortir.**
4. **Oui, il en a besoin.**
5. **Oui, il va en profiter.**

C. *Complice.* Complétez le paragraphe suivant avec *les pronoms* y ou *en* selon le contexte.
1. **y** 2. **en** 3. **y** 4. **en** 5. **en** 6. **en** 7. **y** 8. **en** 9. **y** 10. **en**

6.5 – La place des pronoms multiples

A. *Espionnage.* Paul emmène Carla sur le toit pour observer Marchand. Il lui dit ce qu'il ne faut pas faire. Faites les contrordres. Utilisez *l'impératif* et *les pronoms* qui conviennent.
1. **Ne m'en pose pas.**
2. **Ne t'en va pas avant 4 heures.**
3. **Ne les y laisse pas.**
4. **Ne leur en parle pas.**
5. **Ne le leur donne pas.**

B. *Sur le toit.* Paul dit à Carla ce qu'il faut faire. Faites les ordres. Utilisez *l'impératif* et *les pronoms* qui conviennent.
1. **Explique-la-lui.**
2. **Lis-les-moi quand je t'appelle.**
3. **Donne-m'en plus tard.**
4. **Sers-t'en pour t'aider.**
5. **Pose-les-moi maintenant.**

C. *La fin !* Indiquez quels pronoms il faut utiliser dans chaque question et répondez aux questions avec *les pronoms* qui conviennent.
1. **les, lui**
   Oui, Paul les lui a données.
2. **en, y**
   Oui, Carla y en a trouvé un.
3. **les, y**
   Oui, Carla les y a cachés.
4. **en, lui**
   Non, Carla ne lui en a pas parlé.
5. **se, y**
   Oui, Carla s'y est cachée.
6. **la, y**
   Non, Marchand ne l'y a pas trouvée.
7. **la, leur**
   Oui, Marchand a essayé de la leur expliquer.
8. **en, lui**
   Non, il ne lui en a pas posé beaucoup.
9. **les, lui**
   Oui, Carla les lui a montrés.
10. **la, lui**
    Non, Paul ne la lui a pas expliquée.

Traduction

Français → anglais

A. Mots et expressions. Traduisez les mots et les expressions suivantes *en anglais*.
1. **office (desk)**
2. **company, corporation**
3. **firm, company**
4. **real estate**
5. **work**
6. **housing**
7. **bank**
8. **bank account**
9. **money**
10. **credit card**

B. Phrases. Traduisez les phrases suivantes *en anglais*.
1. **I go to the office every day.**
2. **I have a good job in a good company.**
3. **We specialize in property development.**
4. **I like working in real estate very much.**
5. **I am especially interested in urban housing.**

Anglais → français

A. Mots et expressions. Traduisez les mots et les expressions suivantes *en français*.
1. **les petites annonces**
2. **un appartement**
3. **un studio**
4. **une lettre de motivation**
5. **une offre d'emploi**
6. **un entretien d'embauche**
7. **essayer de faire quelque chose**
8. **vouloir faire quelque chose**
9. **pouvoir faire quelque chose**
10. **(il) falloir faire quelque chose (devoir faire qqch.)**

B. Phrases. Traduisez les phrases suivantes *en français*.
1. **Ils m'aident à trouver du travail.**
2. **Ils recommandent que je prépare un CV.**
3. **J'ai déjà écrit une lettre de motivation.**
4. **J'espère avoir un entretien d'embauche.**
5. **Je chercherai bientôt un appartement.**

C. *Notes de Masson.* Masson écrit une liste de tout ce qu'il faut dire à Paul. Traduisez sa liste **en français**.

> *La liberté conditionnelle... mes conseils :*
>
> 1. *La recherche d'un travail : Il faut aller à l'ANPE où quelqu'un peut t'aider à trouver du travail. Je recommande que tu remplisses des demandes d'emploi et que tu prépares un CV et une lettre de motivation.*
>
> 2. *L'entretien d'embauche : Tu dois soigner ton habillement. On préfère que tu arrives à l'heure. Essaie d'être poli.*
>
> 3. *L'argent : Tu vas vouloir ouvrir un compte bancaire. Je vais te donner de l'argent pour t'aider un peu.*
>
> 4. *Le logement : Tu veux chercher un appartement tout de suite. Tu peux lire les petites annonces. Il vaut mieux louer un studio parce que les studios sont moins cher.*
>
> 5. *Et après tout ça : Tu devras venir me voir une fois par semaine pendant six mois. Tu peux me téléphoner si tu as un problème...*

Compréhension générale

A. **Chronologie.** Mettez les phrases suivantes en ordre chronologique.

5	
7	
1	
3	
8	
6	
2	
4	

B. *Personnages.* Reliez les descriptions à droite avec *les personnages* à gauche.

F	1.
J	2.
A	3.
H	4.
D	5.
I	6.
C	7.
G	8.
E	9.
B	10.

C. *Métiers.* Indiquez les métiers des personnages du film.

1. <u>secrétaire, espionne, (voleuse / criminelle)</u>
2. <u>(ancien détenu), assistant, barman, (voleur / criminel)</u>
3. <u>employé de bureau, commercial, homme d'affaires</u>
4. <u>contrôleur judiciaire (meurtrier ?)</u>
5. <u>propriétaire de la boîte de nuit, voleur (criminel)</u>
6. <u>voleurs, voyous (criminels)</u>

D. *Profil.* Complétez le tableau suivant.

Profil de *Sur mes lèvres*

Titre :   *Sur mes lèvres*
Genre :   *Polar, thriller*
Année de production :   *2001*
Réalisateur :   *Jacques Audiard*
Lieu d'action :   *Paris, France*

3 événements principaux :

1. *Carla embauche Paul (un ancien détenu) comme assistant.*
2. *Carla devient la complice de Paul.*
3. *Carla et Paul réussissent à voler l'argent.*

5 mots clés :

1. *Le bureau / la société de promotion immobilière*
2. *Une secrétaire malentendante / sourde*
3. *Un ancien détenu*
4. *L'argent*
5. *L'amour / l'amitié*

Sommaire (une phrase) : *Une secrétaire malentendante embauche un ancien détenu comme assistant — est-ce qu'elle arrive à lui montrer la bonne voie ?*

Anecdote : *Vincent Cassel joue souvent le rôle du criminel. Par exemple : Métisse, La Haine, Ocean's 12, etc.*

A. *Détails.* Regardez l'image et choisissez les bonnes réponses.

1. **c.** <u>**dans la boîte de nuit de Marchand**</u>
2. **b.** <u>**Elle a lieu vers le milieu du film.**</u>
3. **a.** <u>**discutent des deux hommes**</u>.

B. *Chronologie.* Mettez les phrases suivantes en ordre chronologique.

<u>3</u>
<u>5</u>
<u>2</u>
<u>4</u>
<u>1</u>

C. *En général.* Répondez aux questions suivantes. Ecrivez deux ou trois phrases.

1. **Carla va au comptoir pour commander des boissons et Carla et Paul discutent des deux hommes. Paul se fâche et Carla ne comprend rien. Elle part avec les hommes.**
2. **«Boîte de nuit». Carla s'adapte à sortir en boîte de nuit. Carla porte des vêtements attirants et elle parle avec des gens qu'elle ne connaît pas. Elle teste sa nouvelle vie mais elle ne comprend pas bien ce milieu et elle apprend très vite qu'elle n'y appartient pas.**

D. *Aller plus loin.* Ecrivez un paragraphe pour répondre aux questions suivantes.

1. **La première fois que Carla va à la boîte de nuit, elle est très mal à l'aise. La musique est très forte, les femmes sont belles et les gens dansent (elle n'a jamais dansé). Elle n'est pas contente. Sur la photo, on voit que Carla s'adapte à ce milieu et qu'elle est très à l'aise. Elle met des vêtements plus attirants et elle parle avec des hommes qu'elle ne connaît pas. Elle a confiance en elle grâce à Paul et grâce à leurs aventures. Elle est moins coincée, moins réservée mais elle est toujours naïve. Elle ne sait pas que les hommes avec qui elle parle vont essayer de la violer.**
2. **Paul fait très attention à Carla et aux deux hommes parce qu'il s'inquiète pour Carla. Il se fâche contre Carla parce qu'elle ne comprend pas que les hommes ne sont pas «sympas». Elle n'est pas dans son élément et elle ne voit pas le danger éventuel. Paul connaît très bien ce milieu et il voit que ça va mal tourner. Il veut la protéger (parce qu'il l'aime ou parce qu'il veut qu'elle l'aide ?). Il est peut-être un peu jaloux ou il se sent responsable parce qu'il l'a amenée dans ce milieu. Il les suit et il sauve Carla.**

Lecture

Les réponses varient.

Culture

A. *Diplômé !* Qu'est-ce qu'il faut qu'un nouveau diplômé fasse pour commencer sa vie de travail ? Choisissez les étapes logiques.

<table>
<tr><td>__x__</td><td>trouver un logement</td><td>__Ø__</td><td>sortir avec ses amis</td></tr>
<tr><td>__x__</td><td>faire un stage</td><td>__x__</td><td>acheter une garde-robe professionnelle</td></tr>
<tr><td>__x__</td><td>préparer un CV</td><td>__x__</td><td>ouvrir un compte bancaire</td></tr>
<tr><td>__Ø__</td><td>jouer à des jeux vidéos</td><td>__x__</td><td>envoyer son CV aux employeurs potentiels</td></tr>
<tr><td>__x__</td><td>chercher un emploi</td><td>__x__</td><td>poster son CV sur Internet</td></tr>
<tr><td>__x__</td><td>trouver des offres d'emploi intéressantes</td><td>__Ø__</td><td>regarder la télé</td></tr>
</table>

B. *Sigles.* Reliez les noms à droite avec les sigles à gauche.

__J__ 1.
__I__ 2.
__E__ 3.
__C__ 4.
__A__ 5.
__D__ 6.
__B__ 7.
__F__ 8.
__G__ 9.
__H__ 10.

C. *Le logement.* Reliez les définitions à droite avec les sigles à gauche.

__C__ 1.
__J__ 2.
__H__ 3.
__G__ 4.
__F__ 5.
__B__ 6.
__I__ 7.
__A__ 8.
__E__ 9.
__D__ 10.

D. *Petites annonces.* Déchiffrez les petites annonces ! Reliez le vocabulaire avec les abréviations.

Petites annonces			
Abréviation	**Mot**	**Abréviation**	**Mot**
Aména	Aménagé	Inter	Interphone
Améric	Américain	Kitch	Kitchenette
Apt	Appartement	Mblé	Meublé
Asc	Ascenseur	Nbx rgts	Nombreux rangements
Av	Avenue	Pk/park	parking
Be/tbe	Bon état, très bon état	Prox	Proximité
Burea	Bureau	Quart/qu	Quartier
Chg/chges/ch	Charges	Rdc	Rez-de-chaussée
Ch/chs/chbres/chamb	Chambre	Rés	Résidence
Chauf	Chauffage	Rte	Route
Ctre	Centre	Sal	Salon
Cuis/cui	Cuisine	Sdb/sde	Salle de bain/salle d'eau
Ds	Dans	Séj	Séjour
Et	Etage	Spac	Spacieux
Gd	Grand	Stud	Studio

F. *Quel appart ?* Lisez les petites annonces ci-dessous. Quel appartement vous intéresse ? Pourquoi ? Créez vos propres petites annonces. Utilisez les petites annonces à gauche pour vous inspirer !
Les réponses varient.

Jeux

A. *Langue.* Carla apprend le langage familier. Lisez les phrases suivantes et choisissez les réponses qui ont le même sens que les mots soulignés.

1. b. **Oui, je viens de sortir de prison.**
2. b. **Oui, j'y étais parce que j'ai commis un vol aggravé !**
3. a. **Oui, j'y étais – j'ai passé deux ans en prison.**
4. b. **Oui, je suis un ancien détenu.**
5. b. **Oui, une plaque vaut dix mille francs.**
6. b. **Oui, une brique vaut dix mille francs.**
7. a. **Oui je lui dois 70.000 francs.**
8. b. **Oui, est-ce que tu as de l'argent ?**
9. a. **Non, je n'ai pas d'autres vêtements.**
10. a. **Oui, je pense que les agents de police nous cherchent.**

B. *Au téléphone.* Carla parle souvent au téléphone. Complétez ses deux conversations et jouez les scènes avec un/e camarade de classe. Utilisez le vocabulaire pour vous aider.
Les réponses varient.

C. *Le boulot.* Carla apprend à Paul comment être assistant dans un bureau et Paul apprend à Carla comment être criminelle. Développez les dialogues de ces deux situations suivantes. Regardez les scènes pour vous inspirer ! Présentez votre scène à vos camarades de classe.
Les réponses varient.

Composition

Transformation totale. En deux heures, le spectateur est témoin de la transformation totale de Carla. Au début, elle est timide, renfermée et sage. A la fin, elle est extrovertie et criminelle. Ecrivez une composition pour tracer l'évolution de Carla au cours du film. Utilisez *les verbes et leurs prépositions, les pronoms disjoints, les pronoms complément d'objets direct et indirect, y et en.*
Les réponses varient.

Chapitre 7

Avant le visionnement

Exercices de vocabulaire

A. **Célébrité.** Comment est-ce que les célébrités se comportent ? Réfléchissez au comportement des gens célèbres et utilisez *le vocabulaire* pour compléter les phrases ci-dessous.
Les réponses varient.

B. **Activités culturelles.** Quel rôle est-ce que les activités culturelles jouent dans votre vie ? Utilisez *le vocabulaire* ci-dessous pour compléter les phrases suivantes.
Les réponses varient.

C. **Chronologie.** Mettez les phrases suivantes en ordre chronologique.

    __6__
    __2__
    __7__
    __3__
    __5__
    __1__
    __4__

Après avoir regardé

Exercices de vocabulaire

A. **Les personnages.** Imaginez que Lolita devienne une chanteuse célèbre. Utilisez *les adjectifs* suivants pour décrire les étapes de sa vie.
1. __mal dans sa peau, mélancolique, peu sûre d'elle et timide.__
2. __confiante mais pas égoïste, moins renfermée et plus ouverte.__
3. __généreuse, heureuse et sociable.__

B. **Les gens.** Reliez *le vocabulaire* ci-dessous avec la définition qui convient.
1. __un assistant__
2. __une chanteuse__
3. __une éditrice__
4. __un raté__
5. __un ami__
6. __un écrivain__
7. __un professeur de chant__
8. __un animateur (de télé)__
9. __un parasite__
10. __une célébrité__

C. *Autour d'Etienne.* Etudiez le graphique ci-dessous et expliquez les rapports entre les personnages du film et Etienne. Ecrivez un paragraphe pour décrire leurs rapports.

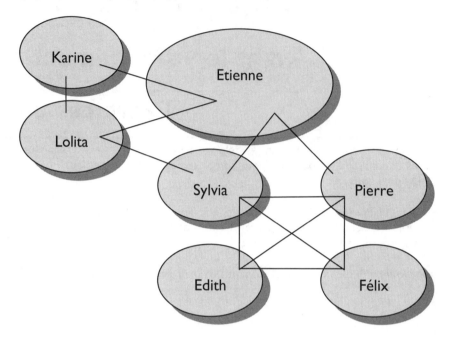

Karine est la deuxième femme d'Etienne, la mère de Louna et la belle-mère de Lolita. Lolita est la fille d'Etienne. Il lui demande de donner sa carte de visite à Sylvia (qui est son professeur de chant) parce qu'il aime le livre de son mari Pierre. Sylvia aide Lolita à monter son concert et elle devient une amie de Lolita. Pierre devient un ami d'Etienne ce qui détruit les rapports qu'il a avec son éditrice/amie Edith et son ami Félix. Cette amitié détruit aussi l'amitié entre Edith et Sylvia. A la fin du film, Sylvia quitte Pierre qui refuse de mettre un terme à son amitié avec Etienne.

7.1 – Les adverbes : formes et place

A. Adverbes. Donnez *les adverbes* qui correspondent aux adjectifs suivants.

1. **bas**
2. **bien**
3. **brièvement**
4. **confusément**
5. **courageusement**
6. **constamment**
7. **évidemment**
8. **facilement**
9. **franchement**
10. **gentiment**
11. **mal**
12. **précisément**
13. **profondément**
14. **sérieusement**
15. **vraiment**

B. Types d'adverbes. Complétez le tableau suivant avec *la catégorie des adverbes* qui conviennent.

adverbes					
1. de fréquence	2. de temps	3. de lieu	4. de manière	5. de quantité	6. d'affirmation
constamment	aujourd'hui	dehors	bien	assez	bien sûr
fréquemment	auparavant	derrière	courageusement	beaucoup	non
rarement	demain	devant	facilement	moins	oui
souvent	hier	ici	profondément	plus	peut-être
toujours	le lendemain	là-bas	sérieusement	trop	si

C. L'amour de Sébastien. Récrivez les phrases suivantes avec les mots entre parenthèses. Changez l'adjectif en *adverbe* si cela est nécessaire.

1. **La gentillesse de Lolita a profondément touché Sébastien.**
2. **Il pense que Lolita est une jeune femme extrêmement intéressante.**
3. **Elle lui répond sèchement qu'il est normal d'aider les autres.**
4. **Il lui dit qu'il veut vraiment la voir le lendemain.**
5. **Elle lui répond gentiment qu'elle a déjà un petit ami.**
6. **Il est évidemment très déçu.**
7. **Cette rencontre est heureusement le début de leur amitié !**
8. **Sébastien croit qu'ils se verront très souvent à l'avenir.**

7.2 – Les pronoms relatifs qui et que

A. *Personnages principaux.* Reliez les deux phrases avec *le pronom relatif qui*.
   1. **Lolita est une jeune femme qui n'a pas beaucoup de confiance en elle.**
   2. **Etienne, le père de Lolita, est un écrivain qui est très égocentrique.**
   3. **Karine, qui est la femme d'Etienne, a beaucoup de patience avec son mari.**
   4. **Sylvia, qui est le professeur de chant de Lolita, soutient son mari Pierre.**
   5. **Pierre est un homme déprimé qui devient célèbre quand son livre sort.**
   6. **Sébastien est un jeune homme sensible qui aime Lolita malgré tout.**

B. *Livre.* Reliez les deux phrases avec *le pronom relatif que*.
   1. **Sylvia n'aime pas beaucoup le livre que Pierre a écrit.**
   2. **Selon Etienne, le livre que Pierre a écrit était facile à écrire.**
   3. **La critique du livre de Pierre que Sylvia a lue est très positive.**
   4. **La femme que Pierre a rencontrée fait des publicités.**
   5. **Pierre ne veut plus écrire le texte du livre que Félix a commencé.**
   6. **Les amis que Pierre ne voit plus l'ont aidé à devenir célèbre.**

C. *Analyse.* Indiquez si le pronom relatif est *une personne* ou *une chose* et *un sujet* ou *un objet direct*. Puis, complétez la phrase avec *le pronom relatif* qui convient.
   1. **personne et objet direct, que**
   2. **personne et sujet, qui**
   3. **personne et objet direct, qu'**
   4. **chose et objet direct, qu'**
   5. **chose et objet direct, qu'**
   6. **chose et sujet, qui**
   7. **personne et sujet, qui**

7.3 – Les pronoms relatifs qui, lequel, où et dont

A. *A la campagne.* Reliez les deux phrases avec *le pronom relatif qui*. Faites attention aux prépositions qui introduisent les antécédents.
   1. **Lolita, chez qui Mathieu ne veut plus passer le week-end, a une maison de campagne.**
   2. **Mathieu, avec qui Lolita espère passer son temps, ne l'aime pas beaucoup.**
   3. **Sylvia, à qui Lolita parle de son problème avec Mathieu, comprend sa tristesse.**
   4. **Sylvia comprend que Lolita est une personne sensible pour qui les rapports avec les autres sont difficiles.**
   5. **A son avis, Sébastien, avec qui Lolita devrait sortir, est le jeune homme idéal pour elle.**

B. *Concert.* Reliez les deux phrases avec *le pronom relatif lequel* ou *le pronom relatif où* selon le contexte. Faites attention aux prépositions qui introduisent les antécédents.
   1. **Le concert auquel Lolita pense toujours est très important pour elle.**
   2. **Sylvia et Lolita visitent l'église où son concert aura lieu.**
   3. **Le concert pour lequel Lolita s'est bien préparée est une réussite.**
   4. **Après le concert, tout le monde va chez Lolita où il y a une soirée.**
   5. **La soirée à la fin de laquelle tout le monde se dispute n'est pas une réussite.**

C. **Personnages.** Faites des phrases avec les éléments donnés pour parler des personnages du film. Utilisez *le pronom relatif dont*.
1. **Lolita, dont le père est écrivain, n'est pas contente.**
2. **Etienne, dont les amis sont obséquieux, ne respecte pas sa famille.**
3. **Karine, dont le mari est égocentrique, n'a plus de patience pour lui.**
4. **Sylvia, dont le mari est aussi écrivain, comprend la situation de Lolita et de Karine.**
5. **Pierre, dont la femme est déçue, perd le respect de ses amis.**

D. **Shopping.** Karine et Lolita font du shopping. Complétez leur dialogue en écrivant les phrases de Lolita avec les éléments donnés. Utilisez *le pronom relatif dont*.
1. **Non ! Ce n'est pas le haut dont j'ai besoin !**
2. **Je prendrai le haut noir dont j'ai envie !**
3. **Le jeune homme dont je t'ai parlé ne m'aime pas.**
4. **Oui, c'est vrai. C'est ce genre d'homme dont j'ai peur.**
5. **Aucune idée. C'est toujours la même situation dont je me plains.**

E. **La chance.** Complétez le paragraphe suivant avec *les pronoms relatifs qui, lequel, où* et *dont* selon le contexte.
dont, **laquelle**
où, **dont**, **duquel**, **qui**
dont
lequel
qui

7.4 – Les pronoms relatifs sans antécédent et avec antécédent proposition

A. **Etienne.** Pierre parle avec Sylvia de sa conversation avec Etienne. Indiquez si le pronom relatif est *1) sans antécédent ou avec antécédent proposition, 2) un sujet, un objet direct, l'objet de la préposition de ou l'objet d'une préposition autre que de.* Puis, complétez la phrase avec le pronom relatif qui convient.
1. **sans antécédent, objet direct, ce qu'**
2. **sans antécédent, objet de *de*, ce dont**
3. **avec antécédent, sujet, ce qui**
4. **sans antécédent, objet d'*à*, Ce à quoi**
5. **avec antécédent, sujet, ce qui**
6. **sans antécédent, objet de *sur*, quoi**
7. **avec antécédent, objet direct, Ce que**
8. **avec antécédent, objet de *de*, Ce dont**
9. **sans antécédent, sujet, ce qui**
10. **sans antécédent, objet direct, ce qu'**

B. **Réflexion.** Lolita réfléchit à la célébrité. Complétez le paragraphe suivant avec *les pronoms relatifs sans antécédent ou avec antécédent proposition* selon le contexte.
1. **Ce qui** 2. **ce que** 3. **ce qui** 4. **quoi** 5. **ce dont** 6. **Ce que** 7. **Ce à quoi** 8. **ce dont** 9. **ce que** 10. **ce que**
10. **Ce contre quoi** 11. **Ce dont**

C. **Choses importantes.** Lolita réfléchit à la vie. Complétez les phrases suivantes de manière logique.
Les réponses varient.

7.5 – Les pronoms relatifs - récapitulation

A. *Projets.* Etienne parle avec Lolita de ses projets. Indiquez si le pronom relatif *1) a un antécédent spécifique / n'a pas d'antécédent / a un antécédent proposition, 2) est une personne / une chose 3) est un sujet, un objet direct, l'objet de la préposition de ou l'objet d'une préposition autre que de.* Puis, complétez la phrase avec le pronom relatif qui convient.

1. **où**
   avec antécédent spécifique, objet de la préposition à = endroit
2. **que**
   avec antécédent / une personne, objet direct du verbe aime
3. **qui**
   avec antécédent / une personne, objet de la préposition avec
4. **ce que**
   sans antécédent, objet direct du verbe faire
5. **dont**
   avec antécédent / une personne, objet de la préposition de (fière de)
6. **laquelle**
   avec antécédent / une chose (féminin, singulier), objet de la préposition pour
7. **ce qui**
   sans antécédent, sujet
8. **Ce contre quoi**
   avec antécédent proposition, objet de la préposition contre
9. **qui**
   avec antécédent / une chose, sujet du verbe peut
10. **ce qui**
    sans antécédent, sujet

B. *Scène.* Complétez le paragraphe suivant avec *les pronoms relatifs* qui conviennent.
1. **où** 2. **laquelle** 3. **laquelle** 4. **ce qu'** 5. **qui** 6. **qui** 7. **ce qui** 8. **où** 9. **dont** 10. **dont** 11. **ce qui**
12. **ce dont** 13. **ce qu'** 14. **qu'**

Traduction

A. Mots et expressions. Traduisez les mots et les expressions suivantes *en anglais*.
1. <u>selfishness</u>
2. <u>egocentricity</u>
3. <u>celebrity, fame</u>
4. <u>insensitive</u>
5. <u>depressed</u>
6. <u>to take advantage of someone</u>
7. <u>to be successful</u>
8. <u>to need help</u>
9. <u>to wonder</u>
10. <u>to hurt, to wound someone</u>

B. Phrases. Traduisez les phrases suivantes *en anglais*.
1. <u>I know what you really need.</u>
2. <u>You do what you want.</u>
3. <u>He always does what bothers me enormously.</u>
4. <u>She has friends who are very famous.</u>
5. <u>He met the friends about whom I am talking.</u>

Anglais → français

A. Mots et expressions. Traduisez les mots et les expressions suivantes *en français*.
1. <u>un professeur de chant</u>
2. <u>un cours de chant</u>
3. <u>un chanteur / une chanteuse</u>
4. <u>un concert</u>
5. <u>une répétition</u>
6. <u>suivre un cours</u>
7. <u>assister à (un cours, un concert, etc.)</u>
8. <u>un écrivain</u>
9. <u>un livre, un roman, un article, une critique</u>
10. <u>écrire / lire un livre, un roman, etc.</u>

B. Phrases. Traduisez les phrases suivantes *en français*.
1. <u>Tes (vos) conseils sont toujours utiles.</u>
2. <u>Elle suit mon cours.</u>
3. <u>Elle veut que j'assiste à ses répétitions.</u>
4. <u>Je ne sais pas ce que je vais faire.</u>
5. <u>Qu'est-ce que je devrais faire ?</u>

C. Conseils. Sylvia écrit un e-mail à son amie pour lui demander des conseils. Traduisez son e-mail *en français*.

A : e.fontaine@wanadoo.fr
DE: sylvia.miller@club-internet.fr
SUJET: Conseils
DATE: le 8 avril

Chère Elodie,

Je t'écris parce que je veux des conseils et je sais que tu as toujours des conseils qui sont très utiles. Lolita suit mon cours de chant et elle veut que j'assiste à ses répétitions. Elle monte un concert qui est très important pour elle. Son père est très célèbre. C'est un écrivain dont les livres sont très connus (j'achète toujours ses livres le jour où ils sortent). Je pense que Lolita est mal dans sa peau parce que son père est égocentrique et insensible. C'est évidemment le comportement de son père qui est difficile pour elle. Mais je pense que son père peut aider Pierre qui est déprimé parce qu'il a écrit deux livres qui n'ont pas eu de succès. Etienne aime énormément le livre que Pierre vient d'écrire. A mon avis, c'est un bon livre qui peut avoir du succès.

Je ne sais pas ce que je vais faire. Je peux assister aux répétitions de Lolita qui a vraiment besoin d'aide et dont le père peut aider Pierre. Mais je me demande si je veux seulement l'aider parce que son père est une personne dont la célébrité peut aider Pierre. C'est une situation difficile parce que je ne veux pas blesser Lolita qui a déjà beaucoup d'amis qui profitent d'elle. Qu'est-ce que je devrais faire ? J'attends (avec impatience) tes conseils dont j'ai absolument besoin !

Bises, Sylvia

Compréhension générale

A. Chronologie. Mettez les phrases suivantes en ordre chronologique.

    3
    7
    2
    6
   10
    9
    1
    4
    8
    5

B. Personnages. Reliez les descriptions à droite avec *les personnages* à gauche.

   H 1.
   D 2.
   F 3.
   I 4.
   J 5.
   G 6.
   C 7.
   A 8.
   B 9.
   E 10.

C. *Professions.* Indiquez la/les profession/s réelle/s des personnages du film. Indiquez aussi leur profession rêvée si c'est logique.

1. <u>**écrivain et éditeur (réelles)**</u>
2. <u>**aucune (femme au foyer : femme, mère et belle-mère (réelles))**</u>
3. <u>**étudiante (réelle) et actrice et chanteuse (rêvées)**</u>
4. <u>**professeur de chant (réelle) et chanteuse (rêvée)**</u>
5. <u>**écrivain (réelle)**</u>
6. <u>**photographe (réelle)**</u>
7. <u>**étudiant (réelle) et écrivain / journaliste (rêvées)**</u>
8. <u>**étudiant (réelle) et écrivain (rêvée)**</u>
9. <u>**éditrice (réelle)**</u>
10. <u>**animateur de télé (réelle)**</u>

D. *Profil.* Complétez le tableau suivant.

Profil de *Comme une image*

Titre :	*Comme une image*
Genre :	*Comédie dramatique*
Année de production :	*2003*
Réalisateur :	*Agnès Jaoui*
Lieu d'action :	*Paris, France*

3 événements principaux :

1. *Lolita donne la carte de visite de son père à Sylvia parce qu'il aime le livre de son mari.*
2. *Pierre bénéficie de l'amitié et de la célébrité d'Etienne.*
3. *Lolita monte son concert. Après le concert, elle apprend que Sébastien l'aime et Sylvia quitte Pierre.*

5 mots clés :

1. *La célébrité*
2. *L'égocentrisme*
3. *L'amour / l'amitié*
4. *Les rapports familiaux*
5. *Les arts (la littérature, le chant)*

Sommaire (une phrase) : *Une jeune femme qui est mal dans sa peau et qui vit dans l'ombre de la célébrité de son père cherche l'amour.*

Anecdote : *Comme une image est la septième collaboration entre Agnès Jaoui et son compagnon Jean-Pierre Bacri. Quel duo !*

Photo

A. _Détails._ Regardez l'image et choisissez les bonnes réponses.

   1. **b.** <u>**dans un magasin de vêtements**</u>

   2. **a.** <u>**Elle a lieu vers le début du film.**</u>

   3. **c.** <u>**essaient des vêtements.**</u>

B. _Chronologie._ Mettez les phrases suivantes en ordre chronologique.

   <u>3</u>
   <u>1</u>
   <u>4</u>
   <u>5</u>
   <u>2</u>
   <u>6</u>

C. _En général._ Répondez aux questions suivantes. Ecrivez deux ou trois phrases.

1. **Karine et Lolita font du shopping ensemble, ce qui plaît à Karine parce qu'elle veut être amie avec Lolita. Lolita déçoit Karine qui veut vraiment que Lolita l'aime et qui sent qu'elle ne l'aimera jamais.**

2. **«Essayage». Les deux femmes essaient des hauts et toutes les deux voient leurs propres défauts. Karine se trouve «énorme» et elle est très préoccupée pour son poids. Quand Lolita met son haut, elle se trouve «ridicule». (L'essayage concret des deux femmes.) Karine essaie de montrer à Lolita qu'elle veut être son amie mais Lolita ne fait aucun effort pour être amie avec Karine. (L'essai abstrait de Karine.)**

3. **Lolita regarde Karine et elle voit en Karine tout ce qu'elle n'est pas (mince, belle, etc.). Elle est démoralisée par le fait que Karine se trouve «énorme» et elle est peut-être jalouse de Karine. Elle n'est pas contente et elle essaie de cacher sa tristesse et sa déception.**

D. _Aller plus loin._ Ecrivez un paragraphe pour répondre aux questions suivantes.

1. **Pendant cette scène, Karine dit qu'elle a toujours dix kilos en trop bien qu'elle soit mince et belle. Son obsession pour le poids est évidente dès le début du film quand elle demande à Lolita si elle a maigri. Karine s'inquiète aussi pour Louna. Elle refuse de lui donner de la glace, elle ne veut pas qu'Etienne lui donne à manger pendant le dîner à la campagne, etc. Elle a peur que Louna ait des troubles alimentaires (comme elle). Elle n'a pas plus confiance en elle parce qu'Etienne regarde toujours d'autres femmes et il fait toujours des commentaires sur leur beauté. Il se moque de Karine ou il la délaisse complètement. Lolita a les mêmes difficultés et c'est une raison pour laquelle Karine essaie d'être amie avec Lolita.**

2. **Au cours du film, il y a plusieurs scènes où l'on parle de nourriture. Il y a notamment cette scène qui souligne les troubles alimentaires de Karine ainsi que les scènes où Karine refuse de donner de la nourriture à Louna. Il y a des scènes où l'on fête les grands événements (l'avant-première d'Etienne, la critique de Pierre, le concert de Lolita). Il y a aussi des scènes qui ont lieu dans des cafés (Etienne et Pierre y discutent de son livre, Etienne y rencontre Lolita, Lolita y rencontre Sébastien, Karine et Sébastien attendent Vincent, etc.). Il y a enfin le dîner à la campagne. Ce sont des scènes de la vie quotidienne qui soulignent l'importance de la nourriture dans la vie. C'est à la fois un moment pour passer du temps avec les collègues, les amis, la famille et une préoccupation importante des femmes.**

Lecture

Les réponses varient.

Culture

A. Cinéma. Déterminez si les phrases suivantes sont vraies ou fausses.
1. <u>faux</u>
2. <u>faux</u>
3. <u>vrai</u>
4. <u>vrai</u>
5. <u>vrai</u>
6. <u>faux</u>
7. <u>vrai</u>
8. <u>faux</u>
9. <u>faux</u>
10. <u>vrai</u>

B. Gens du cinéma. Qui a fait quoi ? Reliez le métier avec la personne qui correspond. Notez que quelques métiers sont utilisés plusieurs fois.

<u>A, G, H</u>
<u>A, H</u>
<u>D</u>
<u>B</u>
<u>A</u>
<u>C</u>
<u>F</u>
<u>E</u>
<u>A</u>
<u>A</u>

C. A la FNAC. Vous êtes employé/e à la FNAC (un magasin de produits culturels et techniques). Corrigez les phrases suivantes afin que les clients puissent trouver la musique qu'ils cherchent.
1. <u>Johnny Hallyday</u>, <u>chanson française</u>
2. <u>Jean-Luc Ponty</u>, <u>jazz</u>
3. <u>Cheb Mami</u>, <u>raï</u>
4. <u>IAM</u>, <u>rap</u>
5. <u>Louise Attaque</u>, <u>rock</u>
6. <u>Chopin</u>, <u>musique classique</u>
7. <u>Jean-Baptiste Lully</u>, <u>opéra</u>

D. La littérature. Complétez le passage suivant sur la littérature de manière logique.
1. <u>la poésie</u> 2. <u>les romans</u> 3. <u>le théâtre</u> 4. <u>Descartes, La Fontaine, etc.</u> 5. <u>Balzac, Baudelaire, etc.</u>
6. <u>Apollinaire, Gide, Ionesco, etc.</u>.

E. *Musées de Paris.* Vous êtes stagiaire pour *La Maison de la France.* Vous êtes chargé/e du kiosque dans la station de métro Charles de Gaulle-Etoile où vous devez répondre aux questions des touristes. Répondez à leurs questions.

1. **Vous pouvez aller au musée du Louvre.**
2. **Vous devriez aller au musée d'Orsay.**
3. **Vous pouvez aller au Centre Pompidou.**
4. **Vous parlez du sculpteur Auguste Rodin. Il faut aller au musée Rodin.**
5. **Ah… le musée Picasso. Vous y trouverez les œuvres de Picasso.**

F. *Cafés.* Déterminez si les phrases suivantes sont vraies ou fausses.

1. **vrai**
2. **vrai**
3. **faux**
4. **faux**
5. **vrai**
6. **faux**
7. **vrai**
8. **faux**
9. **faux**
10. **vrai**

Jeux

A. *Au café.* Vous êtes scénariste et vous préparez une scène que vous allez tourner. Etudiez la scène «le déjeuner au café» et complétez les fiches pour préparer le tournage de la scène.
Les réponses varient.

B. *Recettes.* Lisez la recette ci-dessous et répondez aux questions suivantes.
Les réponses varient.

Composition

Dans son ombre.   Une jeune femme vit dans l'ombre de son père.   Pourra-t-elle échapper à son ombre ? Racontez l'histoire de cette jeune femme et inspirez-vous de l'histoire de Lolita.   Utilisez *les adverbes et les pronoms relatifs* dans votre histoire.
Les réponses varient.

Chapitre 8
Avant le visionnement

Exercices de vocabulaire

A. Définitions. Reliez la définition à droite avec la personne à gauche.

__J__	1.
__D__	2.
__G__	3.
__B__	4.
__C__	5.
__I__	6.
__A__	7.
__E__	8.
__F__	9.
__H__	10.

B. Jeunes gens. Inventez les portraits des jeunes gens ci-dessous. Utilisez *le vocabulaire* du film.

un jeune coursier	
Age :	**22 ans**
Lieu de résidence :	**la banlieue de Paris**
Caractère :	**désordonné, farfelu, sportif**
Habillement :	**short, sweat-shirt, baskets**
Routine quotidienne :	**le matin : Il va au travail.** **l'après-midi : Il livre des lettres ou des paquets.** **le soir : Il va en boîte ou il traîne avec ses copains.**
Centres d'intérêt :	**La musique, le basket, la boxe, etc.**

un jeune étudiant en droit	
Age :	**22 ans**
Lieu de résidence :	**Paris 5e arrondissement**
Caractère :	**discipliné, organisé, sérieux**
Habillement :	**pantalon, chemise, chaussures**
Routine quotidienne :	**le matin : Il va à la fac.** **l'après-midi : Il va à la bibli pour réviser / faire des recherches.** **le soir : Il rentre chez lui pour réviser.**
Centres d'intérêt :	**La musique, l'art**

C. *Chronologie.* Mettez les phrases suivantes en ordre chronologique.

<u>5</u>
<u>2</u>
<u>4</u>
<u>6</u>
<u>1</u>
<u>7</u>
<u>3</u>
<u>8</u>

Après avoir regardé

Exercices de vocabulaire

A. *Jeunes gens.* Comment sont les personnages du film ? Complétez leurs fiches de renseignements avec *le vocabulaire* du film.

Jamal Saddam Abossolo M'bo

Résidence :	*Paris – centre-ville ; un appartement avec ses parents et sa bonne*
Age :	*20 – 24 ans*
Origine :	*africaine*
Situation familiale :	*célibataire ; deux parents (mariés)*
Religion :	*l'islam*
Education / travail :	*des études de droit ; un emploi à Free Time*
Sports :	*aucun*
Loisirs :	*la musique (le jazz)*

Félix Labinskobinsky

Résidence :	*Saint-Denis (une banlieue de Paris) ; un appartement avec ses grands-parents, sa tante et sa sœur*
Age :	*20 – 24 ans*
Origine :	*française et juive*
Situation familiale :	*célibataire ; beaucoup de famille mais absence des deux parents*
Religion :	*le judaïsme*
Education / travail :	*coursier pour Maurice (une relation) ; revendeur de drogue*
Sports :	*le basket, la boxe, le vélo*
Loisirs :	*la musique (le rap)*

Grammaire

8.1 – Le futur simple et le futur antérieur

A. *Chez Lola.* Racontez le début du film *au futur simple*.
1. <u>Invitera</u> 2. <u>prendra</u> 3. <u>aura</u> 4. <u>ira</u> 5. <u>arriveront</u> 6. <u>essaiera</u> 7. <u>oubliera</u> 8. <u>devra</u> 9. <u>entreront</u> 10. <u>aura</u> 11. <u>seront</u> 12. <u>iront</u> 13. <u>sera</u>

B. *Futur antérieur.* Conjugués les verbes suivants *au futur antérieur*.
1. <u>elles seront allées</u>
2. <u>ils auront eu</u>
3. <u>nous aurons été</u>
4. <u>elle aura fait</u>
5. <u>tu auras dû</u>
6. <u>vous serez parti (e) (s)</u>
7. <u>ils se seront disputés</u>
8. <u>elles auront pris</u>
9. <u>j'aurai fini</u>
10. <u>tu seras rentré (e)</u>
11. <u>vous aurez quitté</u>
12. <u>elle sera arrivée</u>
13. <u>nous aurons voulu</u>
14. <u>ils se seront débrouillés</u>

C. *Préparations.* Racontez ce que Lola aura déjà fait quand Jamal et Félix arriveront chez elle. Utilisez *le futur antérieur*.
Quand Jamal et Félix arriveront chez Lola...
1. <u>sera allée</u>
2. <u>aura appris</u>
3. <u>aura parlé</u>
4. <u>auront discuté</u>
5. <u>aura décidé</u>
6. <u>aura réfléchi</u>
7. <u>se sera déjà préparée</u>
8. <u>aura prévu</u>

D. *Repas.* Jamal et Félix aident Lola. Décrivez ce qui se passe. Utilisez *le futur simple* ou *le futur antérieur* selon le contexte.
1. <u>devra</u> 2. <u>essaiera</u> 3. <u>sera</u> 4. <u>sera parti</u> 5. <u>jettera</u> 6. <u>demandera</u> 7. <u>aura</u> 8. <u>fera</u> 9. <u>sera sorti</u> 10. <u>cherchera</u> 11. <u>ne mangera rien</u> 12. <u>seront</u> 13. <u>aura</u>

8.2 – Le conditionnel présent et passé

A. *Lola !* Lola devient un peu tyrannique pendant sa grossesse. Complétez ses ordres avec *le conditionnel présent* des verbes entre parenthèses.
1. devrais 2. voudrais 3. aimerais 4. pourrais 5. préférerions 6. devriez 7. pourrait

B. *Conditionnel passé.* Conjuguez les verbes suivants *au conditionnel passé.*
1. elles seraient allées
2. ils auraient eu
3. nous aurions été
4. elle aurait fait
5. tu aurais dû
6. vous seriez parti(e)(s)
7. ils se seraient disputés
8. elles auraient pris
9. j'aurais fini
10. tu serais rentré (e)
11. vous auriez quitté
12. elle serait arrivée
13. nous aurions voulu
14. ils se seraient débrouillés

C. *La vie réelle.* Certains pensent que le film est trop idéaliste et vous imaginez leurs réponses aux questions ci-dessous. Utilisez *le conditionnel passé.*
1. Non, ils n'auraient pas été contents de se rencontrer.
2. Oui, elle aurait pu se débrouiller toute seule.
3. Non, il n'aurait pas quitté l'université pour travailler dans un fast-food.
4. Non, il n'aurait pas aidé Lola plus tôt.
5. Non, ils n'auraient pas vécu dans l'appartement des parents de Jamal.

D. *Recommandations.* Dites ce que les personnages auraient dû, auraient pu et auraient voulu faire en complétant les phrases avec *le conditionnel passé* des verbes.
1. Après avoir annoncé sa grossesse, Lola aurait pu…
2. Après avoir annoncé sa grossesse, Lola aurait dû…
3. Après avoir appris que Lola était enceinte, Félix aurait dû…
4. Après avoir appris que Lola était enceinte, Jamal aurait voulu…
5. Avant la naissance du bébé, Lola, Félix et Jamal auraient aimé…

8.3 – Le verbe devoir

A. *Temps et modes.* Traduisez les phrases suivantes avec le temps et le mode du verbe *devoir* qui conviennent.
1. Je dois faire…
2. Je dois faire…
3. Je dois faire…
4. Je dois…
5. Tu dois faire… (Vous devez faire…)
6. Tu dois faire… (Vous devez faire…)
7. Tu devras faire… (Vous devrez faire…)
8. Tu as dû faire… (Vous avez dû faire…)
9. Nous avons dû faire…
10. Nous avons dû faire…
11. Nous devions faire…
12. Nous devions faire…
13. Il devait faire… / Il a dû faire…
14. Il devrait faire…
15. Il aurait dû faire…

B. *Lola, Jamal et Félix.* Complétez le tableau suivant avec les formes du verbe *devoir* qui conviennent.

<u>devra</u>
<u>doivent</u>
<u>doit</u>
<u>doit</u>
<u>doit</u>
<u>a dû</u>
<u>ont dû / devaient</u>
<u>devait</u>
<u>devait</u>
<u>devaient</u>
<u>devrait</u>
<u>auraient dû</u>

8.4 – Les phrases conditionnelles

A. *Si + présent.* Complétez les phrases suivantes. Utilisez *le présent, l'impératif* ou *le futur* dans vos réponses.
1. <u>vais</u>
2. <u>quittez</u>
3. <u>devrez</u>

B. *Si + passé composé.* Complétez les phrases suivantes. Utilisez *le passé composé, l'imparfait, le présent, l'impératif* ou *le futur* dans vos réponses.
1. <u>a dû</u>
2. <u>était</u>
3. <u>faut</u>
4. <u>va</u>
5. <u>devras</u>

C. *Si + imparfait.* Complétez les phrases suivantes. Utilisez *le conditionnel présent* dans vos réponses.
1. <u>appellerait</u>
2. <u>irait</u>
3. <u>pourrait</u>

D. *Si + plus-que-parfait.* Complétez les phrases suivantes. Utilisez *le conditionnel passé* dans vos réponses.
1. <u>n'aurait pas rencontré</u>
2. <u>n'aurait pas vu</u>
3. <u>ne se seraient pas rencontrés</u>

A. Révision des temps et des modes. Conjuguez les verbes entre parenthèses aux temps et aux modes indiqués.

Temps / mode		Formation	Exemple
Passé	passé composé	avoir au présent + participe passé	exemple avec avoir : Lola ___**a invité**___ (inviter) Félix et Jamal à lui rendre visite.
		être au présent + participe passé	exemple avec être : Félix et Jamal ___**sont arrivés**___ (arriver) en même temps.
		être au présent + participe passé	exemple avec un verbe pronominal : Lola ___**s'est préparée**___ (se préparer) pour leur arrivée.
	imparfait	radical (nous –ons) + ais, ais, ait, ions, iez, aient	Autrefois, Lola ___**parlait**___ (parler) souvent avec sa mère.
		seul verbe irrégulier : être (ét-)	Elle n'___**était**___ pas contente de ne pas parler avec sa mère.
	plus-que-parfait	avoir à l'imparfait + participe passé	exemple avec avoir : Lola ___**avait réfléchi**___ (réfléchir) à sa situation.
		être à l'imparfait + participe passé	exemple avec être : Elle ___**était allée**___ (être) chez le médecin.
		être à l'imparfait + participe passé	exemple avec un verbe pronominal : Elle ___**s'était préparée**___ (se préparer) pour les résultats.

Présent	présent	radical + e, es, e, ons, ez, ent	exemple avec un verbe régulier en –er : Félix ___**travaille**___ (travailler) comme coursier.
		radical + is, is, it, issons, issez, issent	exemple avec un verbe régulier en –ir : Quand il ___**finit**___ (finir) son travail, il va à la boîte de nuit.
		radical + s, s, ∅, ons, ez, ent	exemple avec un verbe régulier en –re : Max l'___**attend**___ (attendre) à la boîte de nuit.
	subjonctif	radical (ils –ent) + e, es, e, ions, iez, ent	exemple avec un verbe régulier : Il faut qu'il ___**finisse**___ (finir) son travail avant de sortir.
	futur simple	radical (infinitif) + ai, as, a, ons, ez, ont	exemple avec un verbe régulier : Jamal ___**montrera**___ (montrer) à Lola qu'il est responsable.

Futur	futur antérieur	*avoir* au futur + participe passé	*exemple avec avoir :* Jamal **aura quitté** (quitter) l'université.
		être au futur + participe passé	*exemple avec être :* Il **sera allé** (aller) à *Free Time*.
		être au futur + participe passé	*exemple avec un verbe pronominal :* Il **se sera débrouillé** (se débrouiller) sans l'aide de ses parents.

Conditionnel	présent	radical (infinitif) + ais, ais, ait, ions, iez, aient	*exemple avec un verbe régulier :* Ils **voudraient** (vouloir) être ensemble.
	passé	*avoir* au conditionnel + participe passé	*exemple avec avoir :* S'il avait pu, Félix **aurait quitté** (quitter) la banlieue.
		être au conditionnel + participe passé	*exemple avec être :* S'il avait voulu, Jamal **serait allé** (aller) la voir plus souvent.
		être au conditionnel + participe passé	*exemple avec un verbe pronominal :* Si elle avait su plus tôt, elle **se serait préparée** (se préparer) pour sa grossesse.

B. *Passé.* Complétez les phrases du tableau d'une manière logique. La proposition principale est *au passé.* Faites très attention *au temps* et *au mode* de la proposition subordonnée.
Les réponses varient.

C. *Présent.* Complétez les phrases du tableau d'une manière logique. La proposition principale est *au présent.* Faites très attention *au temps* et *au mode* de la proposition subordonnée.
Les réponses varient.

D. *Futur.* Complétez les phrases du tableau d'une manière logique. La proposition principale est *au futur.* Faites très attention *au temps* et *au mode* de la proposition subordonnée.
Les réponses varient.

Traduction

Français → anglais

A. *Mots et expressions.* Traduisez les mots et les expressions suivantes *en anglais*.
1. **a neighborhood**
2. **a wealthy neighborhood**
3. **a poor neighborhood**
4. **a dangerous neighborhood**
5. **downtown**
6. **suburb**
7. **a building (with apartments)**
8. **government housing**
9. **a youth from the suburbs**
10. **a gang**

B. *Phrases.* Traduisez les phrases suivantes *en anglais*.
1. **The youths live in government housing.**
2. **They live in poor neighborhoods.**
3. **The chic apartment buildings are downtown.**
4. **We should do something.**
5. **It's a dangerous neighborhood.**

Anglais → français

A. *Mots et expressions.* Traduisez les mots et les expressions suivantes *en français*.
1. **le chômage**
2. **la discrimination**
3. **la violence**
4. **la victime**
5. **la solution**
6. **changer**
7. **gagner**
8. **se fâcher**
9. **se disputer**
10. **(s')accroître**

B. *Phrases.* Traduisez les phrases suivantes *en français*.
1. **Il y a une crise.**
2. **Ils gagnent de l'argent.**
3. **Le jeune homme (re)vend de la drogue.**
4. **Il a du mal à trouver un emploi.**
5. **Ils passent leurs soirées dans les boîtes de nuit.**

C. Banlieue. Voilà un extrait d'un article sur la banlieue. Traduisez-le **en français**.

Les banlieues en crise

-Paris – Jean-Michel Déripou

Il y a une crise dans les banlieues de Paris. Les jeunes de banlieue sont au chômage. Malgré leur bonne volonté, ils ont du mal à trouver un emploi. Comment est-ce qu'ils peuvent gagner de l'argent ? Quelle est leur solution ? Ils revendent de la drogue pour avoir un peu d'argent de poche. On les voit dans les rues. Ils traînent toute la journée. On les voit dans les boîtes de nuit où ils passent leurs soirées. Ils se fâchent et ils se disputent. La violence s'accroît.

Selon une étude récente, les jeunes de banlieue sont de plus en plus souvent les premières victimes du chômage, de la discrimination et de la violence. Nous devrions faire quelque chose ! Travaillons ensemble pour changer la vie de ces jeunes !

Compréhension générale

A. Chronologie. Mettez les phrases suivantes en ordre chronologique.

| 7 |
| 3 |
| 5 |
| I |
| 8 |
| 4 |
| 2 |
| 6 |

B. Personnages. Reliez les descriptions à droite avec **les personnages** à gauche.

E	1.
I	2.
B	3.
A	4.
F	5.
C	6.
H	7.
D	8.
J	9.
G	10.

C. La famille. Utilisez le vocabulaire ci-dessous pour parler des familles du film.
1. <u>sa grand-mère</u>, <u>Sa mère</u>, <u>son père</u>
2. <u>ses parents</u>, <u>Son père</u>, <u>Sa mère</u>
3. <u>une grande famille</u>, <u>ses grands-parents</u>, <u>sa tante</u>, <u>sa sœur</u>, <u>Son frère</u>

D. *Profil.* Complétez le tableau suivant.

Profil de *Métisse*

Titre :   *Métisse*

Genre :   *Comédie romantique*

Année de production : *1993*

Réalisateur :   *Mathieu Kassovitz*

Lieu d'action :   *Paris & Saint-Denis, France*

3 événements principaux :

1. *Jamal et Félix apprennent que Lola est enceinte.*
2. *Lola a besoin de voir sa mère et elle quitte la France sans prévenir Jamal et Félix.*
3. *Lola rentre. Les trois amis vivent ensemble et ils essaient de bien s'entendre.*

5 mots clés :

1. *Une jeune femme enceinte, un étudiant musulman et un coursier juif*
2. *Les immigrés et la religion*
3. *Les clichés sur la race et sur la religion*
4. *La vie des banlieues*
5. *L'amour / l'amitié*

Sommaire (une phrase) : *Une jeune femme enceinte invite ses deux amis à dîner pour leur annoncer que l'un d'eux est le père de son enfant.*

Anecdote : *Vincent Cassel et Hubert Koundé sont aussi les personnages principaux du film de Kassovitz « La Haine » (1995).*

Cinéphile   **Métisse**

111

Photo

A. Détails. Regardez l'image et choisissez les bonnes réponses.

1. **b.** <u>à l'aéroport</u>
2. **b.** <u>Elle a lieu vers le milieu du film.</u>
3. **c.** <u>elle ne va pas rentrer avec eux.</u>

B. Chronologie. Mettez les phrases suivantes en ordre chronologique.

<u>5</u>
<u>3</u>
<u>1</u>
<u>2</u>
<u>4</u>

C. En général. Répondez aux questions suivantes. Ecrivez deux ou trois phrases.

1. Lola est partie pour la Martinique sans prévenir les hommes. Ils vont chez sa grand-mère pour savoir quand elle va rentrer. La grand-mère marchande avec eux. En échange des renseignements, Jamal fait le ménage et Félix fait les courses pendant un mois. Le jour de son arrivée, ils l'attendent à l'aéroport mais elle ne rentre pas avec eux. Elle est contente !

2. «Naissance». Cette scène marque la naissance de l'amitié entre Jamal et Félix. Pendant qu'ils rentrent à Paris, ils discutent de comment et où ils ont rencontré Lola. Ils se rendent compte qu'ils aiment Lola tous les deux, ils acceptent ce fait et ils deviennent amis.

D. Aller plus loin. Ecrivez un paragraphe pour répondre aux questions suivantes.

1. Lola est entre les deux hommes. Cette photo montre le triangle amoureux et le triangle de stabilité (le triangle est une figure géométrique forte). La photo souligne aussi le métissage de Lola. Elle se trouve entre Félix le blanc et Jamal le noir.

2. Félix est blanc, petit et un peu laid. Il porte du streetwear (un sweat-shirt, des baskets, etc.). Jamal est le contraire de Félix. Il est grand, noir et beau. Il est très habillé – il porte un costume. Ce contraste joue sur les clichés sur les Juifs et sur les immigrés noirs en France.

Lecture

Les réponses varient.

Culture

A. *Religions.* Relisez la note culturelle, la lecture et les activités sur la religion et répondez aux questions suivantes.
1. <u>54% des Français sont croyants.</u>
2. <u>La première religion en France est le catholicisme.</u>
3. <u>La deuxième religion en France est l'islam.</u>
4. <u>Il y a 600 000 Juifs en Français.</u>
5. <u>Lola et sa grand-mère représentent le christianisme.</u>
6. <u>Non, Lola ne porte pas de signe religieux et elle ne va pas à l'église.</u>
7. <u>Jamal et ses parents représentent l'islam.</u>
8. <u>Non, Jamal ne porte pas de signe religieux et il ne va pas à la mosquée.</u>
9. <u>Félix et sa famille représentent le judaïsme.</u>
10. <u>Oui, Félix passe le sabbat avec sa famille et il porte une kippa.</u>

B. *Immigration.* Relisez la note culturelle, la lecture et les activités sur l'immigration et déterminez si les phrases suivantes sont vraies ou fausses.
1. <u>vrai</u>
2. <u>vrai</u>
3. <u>faux</u>
4. <u>faux</u>
5. <u>faux</u>
6. <u>vrai</u>
7. <u>faux</u>
8. <u>faux</u>
9. <u>vrai</u>
10. <u>vrai</u>

C. *Banlieue.* Vous savez qu'il y a beaucoup de problèmes dans les banlieues parisiennes. Vous voudriez donner de l'espoir aux jeunes de banlieue. Qu'est-ce que vous feriez pour améliorer leur vie ? Donnez quelques exemples pour les rubriques ci-dessous.
1. <u>construire de nouveaux immeubles</u>
2. <u>construire des jardins et des parcs</u>
3. <u>suivre le progrès des élèves</u>
4. <u>continuer à construire des musées, avoir des concours artistiques</u>
5. <u>créer des emplois dans les banlieues pour les jeunes de banlieue</u>
6. <u>augmenter les patrouilles de police dans les banlieues</u>

Jeux

A. *Verlan.* Le verlan est une forme d'argot utilisée par les jeunes de banlieue. Pour former l'argot, les jeunes divisent un mot en syllabes et ils renversent les syllabes. Choisissez le mot verlanisé logique pour compléter les exemples ci-dessous.

Notez bien que ces expressions sont vulgaires et qu'elles devraient être utilisées avec discrétion !

1. <u>beur</u>
2. <u>deban</u>
3. <u>zarbi</u>
4. <u>jourbon</u>
5. <u>chébran</u>
6. <u>ça chémar</u>
7. <u>féca</u>
8. <u>téci</u>
9. <u>meuf</u>
10. <u>céfran</u>
11. <u>keum</u>
12. <u>tromé</u>
13. <u>ripou</u>
14. <u>zyva</u>
15. <u>turvoi</u>

B. *Langage familier.* Déterminez si les phrases suivantes sont vraies ou fausses.

1. <u>vrai</u>
2. <u>vrai</u>
3. <u>faux</u>
4. <u>faux</u>
5. <u>vrai</u>
6. <u>vrai</u>
7. <u>faux</u>
8. <u>vrai</u>
9. <u>vrai</u>
10. <u>faux</u>

C. *Rap.* Félix écrit une chanson à soumettre au concours *Le Rap en Banlieue*. Suivez les règles sur l'affiche ci-dessous pour écrire sa chanson.
Les réponses varient.

Composition

Sommaire. Vous venez d'être embauché/e à *Monsieur Cinéma*. Vous êtes chargé/e de la création des sommaires des films de Mathieu Kassovitz. Votre premier sommaire est sur son premier film, *Métisse*. Ecrivez ce sommaire au passé, au présent ou au futur. Utilisez *le futur simple* et *le futur antérieur, le conditionnel présent* et *le conditionnel passé, le verbe devoir* et *les phrases conditionnelles*. Faites très attention à *la concordance des temps* !
Les réponses varient.

Chapitre 9

Avant le visionnement

Exercices de vocabulaire

A. Définitions. Reliez la définition à droite avec la personne à gauche.

<u>G</u> 1.
<u>E</u> 2.
<u>B</u> 3.
<u>I</u> 4.
<u>F</u> 5.
<u>J</u> 6.
<u>H</u> 7.
<u>A</u> 8.
<u>D</u> 9.
<u>C</u> 10.

B. Gens. Complétez les phrases suivantes avec le vocabulaire ci-dessous, puis utilisez *le vocabulaire* du film pour décrire les gens que vous connaissez qui correspondent à la description.

1. **malhonnête**, **vérité**, **mensonges**, **blesser**
2. **exagérations**, **obtenir**, **résultat**
3. **vouloir**
4. **différences**
5. **soutient**, **cause**

C. Chronologie. Mettez les phrases suivantes en ordre chronologique.

<u>6</u>
<u>4</u>
<u>2</u>
<u>7</u>
<u>3</u>
<u>1</u>
<u>5</u>

Après avoir regardé

Exercices de vocabulaire

A. Crimes. Certaines actions des personnages du film sont criminelles. Réfléchissez au genre de crime commis (un crime moral, une infraction à la loi française ou allemande) et à la punition des personnages ci-dessous. Utilisez **le vocabulaire** du film pour répondre aux questions ci-dessous et pour compléter le tableau.

crimes				
personnage	**crime (s)**	**crime moral**	**infraction à la loi**	**punition**
Viviane	l'assassinat d'Arpel	oui	oui	aucune
	le refus de dire la vérité à la police	oui	oui	aucune
	les mensonges dits à Frédéric	oui	non	perte de l'amitié
	la manipulation de Jean-Etienne	oui	non	aucune
Frédéric	la complicité dans l'assassinat d'Arpel	oui	oui	non, puni pour le crime de Viviane (l'assassinat)
	l'évasion de prison	non	oui	aucune
	la participation à la livraison de l'eau	non	oui	aucune (risque de mort)
	l'assassinat d'un policier allemand	oui	oui	aucune
	la participation à la Résistance	non	oui	aucune (risque de mort)
Raoul	l'évasion de prison	oui	oui	aucune
	la participation à la livraison de l'eau	non	oui	aucune (risque de mort)
Camille	la participation à la livraison de l'eau	non	oui	aucune
	la participation à la Résistance	non	oui	aucune (risque de mort)
Kopolski	la participation à la livraison de l'eau	non	oui	aucune (risque de mort)
	la participation à la Résistance	non	oui	aucune (risque de mort)
	être Juif apatride	non	oui	aucune (risque de mort)
Girard	la participation à la livraison de l'eau	non	oui	aucune (risque de mort)
	la participation à la Résistance	non	oui	aucune (risque de mort)
Brémond	la participation à la livraison de l'eau	non	oui	aucune (risque de mort)
	la participation à la Résistance	non	oui	aucune (risque de mort)

B. Dossiers. Il n'y a pas de secrets pendant l'Occupation ! Les Allemands ont préparé des fiches sur les citoyens français et sur les étrangers qui habitent la France. Complétez les dossiers suivants avec des renseignements qui seraient utiles pour les Allemands. Utilisez **le vocabulaire du film**.

Viviane				
collaborateur/trice ou résistant/e	**âge**	**métier**	**caractère**	**autre**
collaboratrice	30 - 40	actrice	égocentrique, frivole, manipulatrice, menteuse	Elle fera n'importe quoi pour sauver sa carrière.

Frédéric

collaborateur/trice ou résistant/e	âge	métier	caractère	autre
résistant	25 - 30	écrivain	généreux, indulgent, loyal	Il fera n'importe quoi pour les gens qu'il aime.

Jean-Etienne

collaborateur/trice ou résistant/e	âge	métier	caractère	autre
collaborateur	50- 60	ministre (de l'intérieur)	déloyal, faible, lâche	Il n'est pas courageux et il suivra ceux qui sont plus forts.

Raoul

collaborateur/trice ou résistant/e	âge	métier	caractère	autre
résistant	25 – 35	voyou	détendu, généreux, loyal	Un ami très fidèle, il fera tout pour ses amis.

Camille

collaborateur/trice ou résistant/e	âge	métier	caractère	autre
résistante	20 – 25	assistante en physique	intelligente, loyale, tenace	Elle fera tout pour accomplir une mission importante.

Brémond

collaborateur/trice ou résistant/e	âge	métier	caractère	autre
collaborateur	40 – 50	chef de cabinet	intelligent, posé, subtil	Il comprend l'importance des actions de De Gaulle.

Alex

collaborateur/trice ou résistant/e	âge	métier	caractère	autre
collaborateur	50	«journaliste»	charmant, loyal, malin	C'est un espion idéal qui a beaucoup d'amis dans le gouvernement.

Grammaire

9.1 – Les adjectifs indéfinis

A. Trajet. Pendant le voyage à Bordeaux, Raoul rencontre Camille. Choisissez *l'adjectif indéfini* qui convient pour parler de leur trajet.
1. **aucune**
2. **les autres**
3. **certains**
4. **d'autres**
5. **quelques**
6. **chaque**
7. **différentes, même**
8. **quelle, tout**
9. **certain**
10. **telle**

B. L'eau lourde. Complétez le passage suivant avec *les adjectifs indéfinis* qui conviennent.
1. <u>quelques</u> 2. <u>mêmes</u> 3. <u>plusieurs</u> 4. <u>certaines</u> 5. <u>d'autres</u> 6. <u>tous</u> 7. <u>telle</u> 8. <u>Quelles que</u> 9. <u>aucun</u>
10. <u>tous</u>

9.2 – Les pronoms indéfinis

A. Evasion. Répondez aux questions suivantes pour parler de l'arrestation et de l'évasion de Frédéric. Utilisez *les pronoms indéfinis* ci-dessous dans vos réponses.
1. <u>**Non, personne ne sait qu'il a été arrêté.**</u>
2. <u>**Non, elle ne fait rien pour l'aider.**</u>
3. <u>**Non, aucun (de ses amis) ne peut l'aider.**</u>
4. <u>**Oui, il en a quelques-uns qui sont les mêmes.**</u>
5. <u>**Ils ne feront n'importe quoi pour s'évader de prison.**</u>

B. Arrivée. Frédéric arrive à Bordeaux. Décrivez son arrivée en complétant le paragraphe suivant avec *les pronoms indéfinis* qui conviennent.
1. <u>Quelques-uns</u> 2. <u>D'autres</u> 3. <u>certaines</u> 4. <u>on</u> 5. <u>chacun</u> 6. <u>quelque chose</u> 7. <u>rien</u> 8. <u>n'importe quoi</u>

9.3 – Les mots indéfinis

A. Bonheur. Parlez du bonheur de Viviane en transformant les phrases suivantes selon le modèle. Utilisez *le pronom indéfini* qui correspond à *l'adjectif indéfini* souligné.
1. <u>**Viviane rencontre beaucoup d'hommes et chacun veut la connaître.**</u>
2. <u>**Certains pensent pourtant que Viviane est égocentrique.**</u>
3. <u>**Plusieurs croient que c'est une femme sans conscience.**</u>
4. <u>**Elle en a pourtant quelques-uns qui veulent l'aider.**</u>
5. <u>**A la fin du film, on voit qu'elle profite de n'importe laquelle pour assurer son bonheur.**</u>

B. Frédéric et Viviane. Lisez l'histoire de Frédéric et Viviane et barrez *le mot indéfini* qui ne va pas.
1. quelques 2. n'importe quoi 3. Quelqu'un 4. certains 5. Quelle que soit 6. différentes 7. Chaque
8. aucune 9. quelque chose 10. Personne 11. certaines 12. plusieurs 13. n'importe où
14. à n'importe quelle 15. mêmes 16. quelqu'un 17. autre

9.4 – Le passé du subjonctif

A. Passé du subjonctif. Conjugués les verbes suivants *au passé du subjonctif.*

1. <u>qu'ils aient eu</u>
2. <u>que tu sois parti (e)</u>
3. <u>que j'aie fait</u>
4. <u>qu'elle ait fini</u>
5. <u>que nous ayons vu</u>
6. <u>qu'elles soient mortes</u>
7. <u>qu'on ait été</u>
8. <u>que vous ayez dû</u>
9. <u>qu'ils se soient parlé</u>
10. <u>que nous soyons né (e) s</u>
11. <u>que je me sois levé (e)</u>
12. <u>que tu aies pu</u>
13. <u>qu'il ait suivi</u>
14. <u>que vous soyez allé(e)(s)</u>

B. Trajet. Camille rejoint le professeur à Angoulême. Conjuguez les verbes entre parenthèses *au passé du subjonctif* pour décrire leur rencontre.
1. <u>soit venu</u> 2. <u>ait dû</u> 3. <u>ait réussi</u> 4. <u>aient appris</u> 5. <u>ne soit pas encore partie</u> 6. <u>n'aient pas pu</u> 7. <u>ait compris</u>

9.5 – Le subjonctif après certaines conjonctions

A. L'histoire de Jean-Etienne. Faites des phrases avec les éléments donnés pour parler de Jean-Etienne. Faites attention à l'emploi du subjonctif après *les conjonctions* et l'emploi de l'infinitif après *les prépositions.*

1. <u>Jean-Etienne va au cinéma pour voir le nouveau film de Viviane.</u>
2. <u>Viviane va au bureau de Jean-Etienne pour qu'il puisse l'aider à résoudre son problème.</u>
3. <u>Elle fait semblant de l'aimer en attendant que la police n'ait plus envie de l'interroger.</u>
4. <u>Bien que Jean-Etienne soit un homme intelligent, il ne sait pas que Viviane profite de lui.</u>
5. <u>Jean-Etienne va à Bordeaux à condition que Viviane veuille l'accompagner.</u>
6. <u>Il faut y aller avant que les Allemands n'entrent dans Paris.</u>
7. <u>Viviane va à Bordeaux pour fuir l'Occupation allemande ainsi que pour fuir son crime.</u>
8. <u>Il quitte Viviane de peur qu'on n'apprenne qu'elle est criminelle.</u>

B. La fuite. Raoul fuit avec Camille et ils espèrent pouvoir livrer l'eau lourde. Lisez le paragraphe suivant et barrez *la conjonction* ou *la préposition* qui ne va pas.
1. **afin de** 2. **de peur que** 3. **à moins qu'** 4. **sans** 5. **avant que** 6. **de crainte que** 7. **à condition que**

9.6 – Le subjonctif – récapitulation

A. Regrets ? Complétez les phrases suivantes avec *le présent* ou *le passé de subjonctif* selon le contexte.

1. a. <u>Frédéric regrette que Viviane l'appelle.</u>
   b. <u>Frédéric regrette que Viviane l'ait appelé.</u>
   c. <u>Frédéric regrette que Viviane l'appelle.</u>
2. a. <u>Viviane est contente que Frédéric vienne tout de suite.</u>
   b. <u>Viviane est contente que Frédéric soit venu tout de suite.</u>
   c. <u>Viviane est contente que Frédéric vienne tout de suite.</u>
3. a. <u>Viviane voudrait que Frédéric résolve le problème.</u>
   b. <u>Viviane voudrait que Frédéric ait résolu le problème.</u>
   c. <u>Viviane voudrait que Frédéric résolve le problème.</u>
4. a. <u>Il est dommage que la police arrête Frédéric.</u>
   b. <u>Il est dommage que la police ait arrêté Frédéric.</u>
   c. <u>Il est dommage que la police arrête Frédéric.</u>
5. a. <u>Il est formidable que Frédéric s'évade.</u>
   b. <u>Il est formidable que Frédéric se soit évadé.</u>
   c. <u>Il est formidable que Frédéric s'évade.</u>

B. *La foi.* Un étudiant écrit une composition sur la foi des Français pendant la Seconde Guerre mondiale. Complétez sa composition avec **le présent de l'indicatif, le présent du subjonctif** ou **l'infinitif** des verbes entre parenthèses selon le contexte.

1. <u>fuir</u> 2. <u>prenne</u> 3. <u>s'établisse</u> 4. <u>faut</u> 5. <u>soient</u> 6. <u>n'ait pas</u> 7. <u>peut</u> 8. <u>organiser</u> 9. <u>touche</u> 10. <u>empêcher</u> 11. <u>devient</u> 12. <u>soutient</u> 13. <u>est</u> 14. <u>fasse</u> 15. <u>peut</u> 16. <u>aider</u> 17. <u>dire</u> 18. <u>vaut</u>

Traduction

Français → anglais

A. *Mots et expressions.* Traduisez les mots et les expressions suivantes *en anglais.*
1. <u>someone</u>
2. <u>everyone</u>
3. <u>no one</u>
4. <u>something</u>
5. <u>nothing</u>
6. <u>a person</u>
7. <u>a thing</u>
8. <u>somewhere</u>
9. <u>anywhere</u>
10. <u>no matter what</u>

B. *Phrases.* Traduisez les phrases suivantes *en anglais.*
1. <u>I am thrilled (that) you called me.</u>
2. <u>I would like to see you !</u>
3. <u>I am asking him/her to explain the situation.</u>
4. <u>She will do anything.</u>
5. <u>I would do everything for her.</u>

Anglais → français

A. *Mots et expressions.* Traduisez les mots et les expressions suivantes *en français.*
1. <u>pour / afin de</u>
2. <u>pour que / afin que</u>
3. <u>bien que / quoique</u>
4. <u>avoir peur de</u>
5. <u>avoir peur que</u>
6. <u>expliquer que</u>
7. <u>savoir que</u>
8. <u>refuser de</u>
9. <u>devoir faire</u>
10. <u>falloir faire (il est nécessaire de faire)</u>

B. *Phrases.* Traduisez les phrases suivantes *en français.*
1. <u>Elle a peur.</u>
2. <u>Elle a tué quelqu'un.</u>
3. <u>Il faut appeler la police.</u>
4. <u>Je veux faire quelque chose.</u>
5. <u>Il faut que je fasse quelque chose.</u>

C. *Roman.* Voilà un extrait du premier chapitre du roman de Frédéric. Traduisez-le *en français*.

Chapitre 1 – L'aventure commence...

Je suis ravi que quelqu'un que j'aime depuis longtemps m'appelle. C'est une certaine actrice que tout le monde connaît bien. Elle explique qu'elle appelle pour me demander de lui rendre visite. Ça fait longtemps qu'on ne s'est pas parlé et je voudrais la voir. Quoiqu'il soit une heure du matin, je pars tout de suite (c'est une personne charmante).

Quand j'arrive chez elle, je découvre un homme allongé par terre. Il est mort ! Je demande à Viviane de m'expliquer ce qui s'est passé. Elle a beaucoup d'explications mais je n'arrive pas à comprendre. C'était un accident : il y a eu une bagarre et il est tombé. Elle n'a aucun souci. Elle veut simplement se débarrasser de cette affaire le plus vite possible. Elle a peur que les journalistes sachent qu'elle a tué quelqu'un. Normalement, je ferais tout pour l'aider mais comme un homme est mort, je pense qu'il faut appeler la police. Elle refuse de l'appeler. Je sais à ce moment-là qu'elle fera n'importe quoi pour sa carrière. Je sais aussi qu'il faut que je fasse quelque chose et que je dois aller quelque part – n'importe où. Je mets donc l'homme dans le coffre de la voiture. Bien que je sache que ce n'est pas une bonne idée, je quitte Viviane. C'est là où mon aventure commence...

Compréhension générale

A. Chronologie. Mettez les phrases suivantes en ordre chronologique.

6
2
4
7
1
5
8
3

B. *Personnages.* Reliez les descriptions à droite avec *les personnages* à gauche.

G	1.
J	2.
E	3.
A	4.
F	5.
B	6.
D	7.
I	8.
C	9.
H	10.

C. *La guerre.* Utilisez le vocabulaire ci-dessous pour parler de la Seconde Guerre mondiale.
1. **déclare la guerre** 2. **fuient** 3. **l'exode** 4. **s'installe** 5. **démissionne** 6. **le chef** 7. **l'armistice** 8. **zones** 9. **soutiennent** 10. **des appels** 11. **la Résistance** 12. **capitule** 13. **camps de concentration** 14. **misère**

D. *Profil.* Complétez le tableau suivant.

Profil de *Bon Voyage*

Titre : *Bon Voyage*

Genre : *Comédie dramatique, aventure*

Année de production : *2002*

Réalisateur : *Jean-Paul Rappeneau*

Lieu d'action : *Paris, Angoulême et Bordeaux, France*

3 événements principaux :

1. *Viviane tue un homme et la police arrête son ancien ami parce qu'on croit que Frédéric est l'assassin.*
2. *Frédéric s'évade de prison et il va à Bordeaux où il retrouve Raoul et où il rencontre une jolie assistante en physique.*
3. *Frédéric aide Camille à livrer l'eau lourde et ils deviennent résistants.*

5 mots clés :

1. *Paris, Bordeaux, la France*
2. *La Seconde Guerre mondiale, les Allemands, l'Occupation*
3. *La Résistance et la Collaboration*
4. *Le crime, l'espionnage, la quête*
5. *L'amour, l'amitié*

Sommaire (une phrase) : *Après avoir aidé son ancienne amie, une actrice célèbre, un jeune écrivain devient victime de l'égocentrisme de cette amie mais il découvre pourtant sa passion pour son pays grâce à la ténacité d'une jeune assistante en physique.*

Anecdote : *Le film Bon Voyage a été le film qui a reçu le plus de nominations aux César en 2004. Il a eu onze nominations et il a reçu trois César (Meilleure photographie, Meilleurs décors et Meilleur jeune espoir masculin).*

Photo

A. **Détails.** Regardez l'image et choisissez les bonnes réponses.
1. **a.** <u>à Paris</u>.
2. **a.** <u>Elle a lieu vers le début du film.</u>
3. **c.** <u>appelle le préfet de la police</u>.

B. **Chronologie.** Mettez les phrases suivantes en ordre chronologique.

<u>3</u>
<u>1</u>
<u>4</u>
<u>2</u>
<u>5</u>

C. **En général.** Répondez aux questions suivantes. Ecrivez deux ou trois phrases.
1. «Scandale». Dans cette scène, Viviane dit que son parfum s'appelle *Scandale*. Cette scène marque aussi le début de ses efforts pour éviter le scandale. Elle ne veut pas parler à la police et elle a peur que les autres n'apprennent que Frédéric est innocent. Elle craint que les journalistes n'apprennent cette affaire et qu'ils n'écrivent de mauvais articles sur elle, ce qui détruirait sa carrière.
2. Elle a peut-être profité d'André Arpel mais il n'est pas clair qu'elle l'ait fait. Elle était sa maîtresse, il a soutenu financièrement un de ses films, elle a emprunté des bijoux et elle ne les a pas rendus. Elle a profité du fait que Frédéric était amoureux d'elle pour cacher son crime. Sa manipulation prend fin à la fin du film quand Alex Winckler profite de sa situation (son manque d'amis) pour réaliser son rêve d'être avec elle.

D. **Aller plus loin.** Ecrivez un paragraphe pour répondre aux questions suivantes.
1. Viviane aime ce que Jean-Etienne peut faire pour elle mais elle ne l'aime pas. Elle est avec lui parce que c'est un homme puissant (il fait partie du gouvernement, il peut appeler le préfet de police, il a une chambre à l'hôtel Splendid, etc.). Comme Frédéric le dit, elle n'aime personne, même pas elle-même. Elle est égocentrique et elle ne pense qu'à sa carrière.
2. On remarque que Jean-Etienne est amoureux de Viviane pendant l'avant-première de son film. Quand il descend les escaliers pour lui faire des compliments, il tombe parce qu'il est frappé par sa beauté. Quand elle vient le voir au bureau, il veut l'aider pour qu'elle l'aime. Bien qu'il soit content d'être avec elle, il la quitte quand il apprend qu'elle est meurtrière et quand l'opinion publique est moins favorable à leur liaison.

Lecture

Les réponses varient.

Culture

A. *Médias pendant la guerre.* Complétez le tableau ci-dessous de manière logique pour comparer les médias pendant la Seconde Guerre mondiale avec les médias de nos jours.

médias d'autrefois et d'aujourd'hui						
	1939 – 1945			actuellement		
Indiquez si les médias ci-dessous existaient entre 1939 et 1945 et si ces médias existent aujourd'hui.	non	peut-être	oui	non	peut-être	oui
Journaux clandestins			x		x	
Journaux censurés			x		x	
Journaux non censurés		x				x
Emissions radiophoniques censurées			x		x	
Radio numérique par satellite	x					x
Actualités filmées au cinéma diffusées avant le film			x	x		
Journal télévisé (les informations à la télé)	x					x
Télévision par satellite	x					x
Chaînes des informations 24 / 24 du câble	x					x
Actualités sur Internet	x					x

B. *Médias et la guerre.* Déterminez si les phrases suivantes sont vraies ou fausses et expliquez votre choix.
1. **vrai**
2. **vrai**
3. **faux**
4. **faux**
5. **faux**
6. **vrai**
7. **vrai**
8. **faux**
9. **vrai**
10. **faux**

C. *Médias.* Complétez les phrases suivantes pour parler de vos préférences en ce qui concerne les médias. Ecrivez ensuite un paragraphe pour expliquer vos habitudes.
Les réponses varient.

D. *Informations.* Complétez les phrases suivantes pour parler de vos préférences en ce qui concerne les actualités. Ecrivez ensuite un paragraphe pour résumer vos préférences.
Les réponses varient.

E. *Informatique.* Choisissez la réponse qui correspond à vos opinions en ce qui concerne les ordinateurs et l'Internet. Ecrivez ensuite un paragraphe qui parle du rôle de l'ordinateur et de l'Internet dans votre vie.
Les réponses varient.

Jeux

A. *A la une.* Viviane feuillette les journaux pour apprendre si les journalistes écrivent des articles sur la mort d'André Arpel. Observez les unes de journaux ci-dessous. Inventez l'article qui correspond à chaque titre. **Les réponses varient.**

B. *Scènes.* Regardez de nouveau la scène où Viviane lit les journaux. Imaginez que le film a lieu au 21ᵉ siècle. Réinventez la scène et créez les titres des unes de journaux. **Les réponses varient.**

C. *Site web.* Vous êtes internaute et vous développez un site web sur le cinéma. Votre premier film présenté est *Bon Voyage*. Suivez le modèle ci-dessous pour vous aider à développer votre site. N'hésitez pas à surfer le net pour vous inspirer ! **Les réponses varient.**

Composition

Roman. Le roman de Frédéric est autobiographique. Ecrivez un sommaire de son roman. De quoi est-ce qu'il parle? Qui sont les personnages principaux? Que font-ils ? Où vont-ils ? Inventez un sommaire qui est plein d'aventures, d'espionnage et d'amour ! Utilisez *les mots indéfinis, le présent* et *le passé du subjonctif* dans votre sommaire.
Les réponses varient.